知の福祉力

ルーテル学院大学学長
市川一宏

Kazuhiro Ichikawa　Chi no Fukushi-Ryoku

人間と歴史社

はじめに

私には、尊敬しているたくさんの友人や教え子がいます。私は、彼らを誇りに思っています。ある教え子は病院の相談員すなわち医療ソーシャルワーカーとして、ターミナルケア、すなわちガンの末期の患者さんを援助する仕事をしています。私はその卒業生が、ガンにかかり、絶望している方の話を毎日聞き続けていることを知っています。そして「眠れましたか、痛いですか」という医療的な対応ではなく、病室の外を見たり、自然の中を歩いたり、昔の思い出を振り返ったり、「その人のその人となり」を大切にして、病にかかっている人が、今を生きようとする気持ちを支えています。

まだ小学生の子どもを祖父母にあずけ、夫と治療に専念してきた母親がいたそうです。子どもは、感染病の危険があるため母親の病棟に近づけません。病院のメンバーの思いは、互いに会いたがっている二人の会う時間を作ることでした。母親は入院していた病院から故郷の病院に転院し、最後の2週間、子どもと話をして自分の気持ちを伝えることができました。母親の思いをかなえるために、母親とともに歩んだ人たちがおり、その中に私の大切な教え子もいたのでした。与えられた日々を最後の時まで大切にすること——。そこに「知の福祉力」の原点があるのです。

その働きから、私はまず、「知」を学びます。ここでの「知」とは、それぞれの生命を限りなく大切にするという人間の根源的な考え方を言います。人の命の誕生は、私たちにとってかけがえのないものです。すべての人の命は、祝福されるべきものであることに異議を唱える余地はまったくありません。困難に直面した時にそれと真向い、誠実に懸命に生きること、それを「生命」ととらえます。「命」という生物学的な見方ではなく、また単なる知識ではなく、それらを越えて人間を人間たらしめるもの。まさに「生命」をひたすら大切にする信条、もしくは「知性」ともいうべきものを私は「知」としました。

しかし、それぞれに与えられた豊かな可能性である「生命」を理解できず、自分で勝手に作った狭い人間像を相手に当てはめるならば、相手の生きる意欲をはぎ取ることにもなりかねません。特に専門家は、日々の仕事において、生命の可能性を奪う危険性を持っていることを忘れてはならないのです。カルテを見て、利用者の実の姿が見えなくならないように、自分自身に絶えず問いかける必要があります。これは人間理解の問題です。社会福祉の従事者は、人間の生命の可能性を学び、懸命に生きる姿に感動を受けると同時にその感動を共感できる仕事であるという、専門家を目指した当初の誇りに立ち返ることが大切です。

それぞれの人生には痛みがあります。愛する家族や人との別れ、目標としてきたことができないという挫折等々、たくさんの困難に直面するかも知れません。そして、その時々に歩みを止めてしまい、失望と不安で押しつぶされそうになるのです。先にご紹介した親子もそうでした。その時、精一杯、自分らしく生きていきたいという思いを受けとめ、一人だけで抱えきれない解決困難な事実を一人で解決する必要はないということを伝え続ける人が、いま必要とされているのです。「共にいる」人の存在を知ることによって、人は今を歩き始めることができるのです。そして、明日が見えてくるのです。また、今を生きることによって、その人の過去の事実は変わらなくとも、過去の意味が変わるのです。その意味が劇的に変わるのです。私は、そこに福祉力を見るのです。

知が生み出す共に生きる力、すなわち「知の福祉力」から、感謝と希望が生まれます。その場は、日々の生活の場、普段の生活の営みの中にあります。そこに希望のある明日があるのです。子どもの誕生を祝い、「おめでとう」と言う。そして、人生の最後にあって、世話をしてくれた人に感謝して、「ありがとう」と言う。「おめでとう」に始まり、「ありがとう」で終わる一人ひとりの人生こそ、「知の福祉力」が目指すものです。

私は、「共にいる」人を育てる教育に携わることを誇りとしています。「共にいる」人が働く第一線の現場と関わりをもつ光栄に感謝しています。

2009年2月

著者

知の福祉力 目次

第3章 関わりによって学び、育つ教育——キリスト教社会福祉教育の座標軸 129

第4章 生きる意味――若い君たちへのメッセージ 167

第1章

対話——生命の絆・地域の連帯

1 「少子高齢社会における家族・家庭、そして地域」

ノンフィクション作家◆沖藤典子

◆家族は愛の拠点

市川　いま、多くの子どもたちは、ほっとできる場、認めてもらえる場、自己実現できる場、すなわち生きていく拠り所である「居場所」「とまり木」を求めてさ迷い、定年を迎える世代の人も新たな歩みを始めるうえでの起点となる場を探しているのが実情ではないでしょうか。

孤独、孤立、虐待、非行等々のさまざまな問題が顕在化しているいま、そもそも家族という生活の場が子どもにとって生きていく拠り所となっているのか、さらに家族と地域に密接な関わりがあるのかという問いかけが私たち自身になされています。問題を生み出している家族をいま一度見つめ直す必要があるのではないでしょうか。そこで、本日は、家族の問題について、多くの書籍を著してこられた沖藤典子さんにお話をうかがいます。

従来、家父長制度のもと大家族制がひかれ、親族間の助け合いが、生活問題が深刻化することを防ぎ、セーフティネット（最後の安全網）としての役割を担ってきました。

しかし、産業構造が農業や漁業などの第一次産業からサービス業や製造業などの第二次、第三次産業に比重を移していくにしたがって家族の形が変わり、その絆が揺らいできました。多くの人口が都市に移動し、核家族化、単身化が顕著になってきたのです。ですが、そのような状況

（おきふじ・のりこ）1938年北海道生まれ。北海道大学文学部卒業。女性問題、高齢者介護問題、医療問題などに深い関心を寄せ、旺盛な活動・執筆を続けている。現在、社会保障審議会委員をはじめ、全国高齢者ケア協会副会長、高齢社会をよくする女性の会副理事長などを歴任。著書には、『女が職場を去る日』（新潮社）、『あなたに似た家族』（徳間書店）、『長生きしてはいけませんか』（講談社）など多数。

写真撮影◆藤田政明

にあっても、いまどのような家族が求められているか、どのような家族を目指すのかという本質的問いをおろそかにしてきました。30数年前に、同居は福祉の含み資産とし、老親介護のために女手の必要性を政府が訴えていたその時期に、女性たちが自立意識に目覚め始め、社会進出が増加していったのです。男性社会の仕組みを変えず、家族について論じても過去の家族観、大家族制を中心にした家族意識への回帰にしか過ぎず、結局問題の先送りだけでなく、問題の深刻化をもたらしたと思っています。そこで、家族が果たしてきた役割についてうかがいます。

沖藤　一人の人間として家族と関わってきた実感のなかから申しあげると、私は北海道に生まれ育ったのですが、父が結核を患ったこともあり、貧しい家庭だったため、一致団結して肩を寄せ合って暮らすという家族でした。家族が心を一つにして生きていく大切さとありがたさを子ども心に感じてきました。

しかし、当時のすべての家族が仲が良かったわけではありません。特に、夫婦の関係は、妻は一段低い位置にいましたし、明治時代の文学にもみられるように、現在のドメスティックバイオレンス（DV）に相当する妻への暴力がありました。「昔の家族は素晴らしかった」とは決して言い切れないと思います。

家族の介護機能についても、「昔は、家族には介護機能があった」という見方もありますが、当時は80歳や90歳まで長生きして、認知症になる人が少なかったわけで、長命化との関係を抜きにして、過去と現在を比較することはできないと思います。

このように、かつての家族と今日の家族を比較するのは難しいことですが、私はいつの時代であっても、「家族は愛の拠点」であると思っていて、非科学的ですが「愛情は遺伝する」と考えています。

私の父は長期の結核を患い、いわば人生の挫折を味わったのですが、その挫折によって家族にやさしくなりました。特に、孫には非常にやさしく接してくれました。最近になって夫から聞いたのですが、当時、父と同居していた時に、父のその姿を見て「自分も、将来、このような祖父になろう」と思ったそうです。夫は定年前までは決して家族を大事にしていたとはいえませんでしたが、現在、父と同じように娘や孫に非常にやさしく接しています。血のつながりはありませんが、父から夫へと愛が遺伝しているように思えて、とてもうれしく感じました。

よく「親の背中を見て育つ」といいますが、高度経済成長期以降、父親不在の家庭が増え、親の背中そのものがない家庭が当たり前になり、「愛情の伝承」ということが難しい現状のなかで、私たちは生きているのではないでしょうか。

市川　私もご意見に賛同します。家族が経済的などん底にあっても、苦労を共にすることによって、かえって絆が強まる経験を私もしました。そこには、それぞれが何とかして守ろうとした家族がありました。子どもを守る親がいて、その苦労を知っている子どもたちがいたのではないでしょうか。

◆家族は崩壊と再生を繰り返すもの

市川　かつて、生活を維持するために、家族員がそれぞれに役割を担っていました。また身体的な介護や子育てとともに、精神的なつながりを強調する「家」がありました。戦後になって、次第にそのつながりや役割は変化していきます。

司会・市川一宏

例えば、家族のなかでの女性が守る場所は台所で土間にありました。それが約30年前からダイニングキッチンとなり、他の家族員と同じ空間を共有できるようになりました。しかし団らんの場が与えられたにもかかわらず、ダイニングテーブルに家族そろって座ることもないという現実もありました。そして家庭の外に出ると、それぞれの生活の場は離れ、分業化してきました。学ぶ役割、収入を得る役割、家事を担う役割等々です。そして家庭内のそれぞれの役割が見失われ、分業を結びつける絆が揺らいできました。沖藤さんは、今日の家族が抱えている問題をどのようにとらえていますか。

沖藤　夕飯をともにする家族が非常に少なくなりました。私の家庭でも、夫が現役で仕事をしていた時は、ウィークデイは母娘だけで食事をし、週末たまにそろって食事をとる時には決まって娘をしかるといった状況でした。娘たちは「パパが口を開くのはしかる時だけ」と言っていました。おかげで母と娘の精神的な絆は強くなりましたが、一緒に食事をしない家族の悲しさを感じていました。

このような状況の背景には、男性が家庭を顧みず、女性を家庭のなかに追いやり、仕事を最優先させるということに価値が認められる社会的風潮があります。帰って来ない夫、密室の中での子育てという構造のなかで、虐待が発生するのだと思います。このような構造は、私が子育てをしていた当時からあり、最近になってからの問題ではありません。女性に生き方の思想が確立しておらず、男性に振り回されているために起きる虐待もあると思います。また、祖父母の世代も自戒しなければならないと思っています。祖父母と父母の関係が崩壊しているため、孫の虐待を見逃すのです。

しかし、家族というのは、ずっと同じ状態であるものではなく、崩壊と再生を繰り返すもので、その時々の状態から良し悪しを考えるべきではないと思います。

◆心の旗印を伝承する

市川　家族の機能として、親から子に何を伝えるのかという視点が重要だと思います。振り返って、1970年頃の調査によると、「養子をもらっても家を継がせたほうがよい」という回答が、「継がせなくてもよい」とほぼ同率になります。「家の相続」という意識は、それ以前と比べて低下します。この家制度に関する意識と同様に、生き方、大切にすべき関わりなど、今まで自分自身が受け継ぎ、培ってきた信条や価値観をどのように次世代に伝えていくのかが問われています。

経済性、効率性を家庭に持ち込むことに私は反対です。父親が、会社の会議のように、「もっと端的にものを言え」と家族に迫ることによって、多くの子どもたちが傷ついている。戦前の価値観に戻れという短絡的な考え方や、若い世代を新人類と位置づけ、伝えることをやめるという短気な考え方は問題です。沖藤さんは、ご自分の子どもに何を伝えていこうとお考えですか。

沖藤　家族のなかで、「心の旗印」のようなものを伝えていく必要があると考えています。私の家庭では、「わが家の一冊」として、バージニア・ウルフの『私だけの部屋』（新潮文庫）という本を親から子へと伝えています。この本のなかで、「小説家が生きていくためには、自分だけの部屋と、いくばくかの収入が必要である」といったことが書かれているのですが、私は「小説家」を「女性」に置き換えて、女性の生き方として娘に伝えました。二人の娘は、それぞれ結婚して家庭を築いていますが、それぞれの家に一冊ずつこの本があり、娘たちも自分の子どもに伝えると言ってくれています。

また、私の父と母が結婚した時に買った人形があるのですが、今は私が父母から引き継いで大切にしています。この人形は、新婚時代の父母が「毎年一つずつ増やしていこう」と、結婚して初めてのボーナスで購入したもので、その後、人形が増えることはありませんでしたが、両親ともとても大切にしていました。私も、将来は娘に託したいと思っています。

自分の生き方を考えるうえでの心の旗印と小さなものを愛しく想う心を、家族のなかで親から子に伝えていく必要があると思っています。

◆あいさつ能力を身につける

市川　現在、住空間も狭くなっていますが、人間関係も狭い範囲で形成されています。節分の時には、「鬼は外、福は内」と言いますが、その「内」自体が非常に狭くなり、家庭と地域の間には高い塀があります。若い人は知らないと思いますが、かつては土間や縁側がありました。そこによく近所の人が自分の家で作った料理やお土産を持ってきたり、世間話をしに来ました。

そこには地域のつながりがあった。

　しかしいま、大きな問題になっているのは、母親が子どもを抱え込んでいる場合がある。母親ユニットで行われている子育てに、どのように社会性を入れていくかです。子どもの発達にとって、人と人との出会い、経験はとても意味があると思います。子どもや子育てと、家族の関係についてはどのようにお考えですか。


沖藤　0～2歳児の8割が在宅保育であるという状況を考えると、在宅で子育てをしている母親をどのように支援するかが重要だと思います。

　昔は、家族以外に子育てをサポートしてくれる人が周囲にいませんでした。現在は保育所をはじめ、子育て家庭の支援体制が整備されてきましたが、在宅の母親のなかには、あれこれ干渉されることに神経質になっている人が少なくないようです。虐待していると疑われたり、通報されたりするのではないかという恐れと、自分の子どもの泣き声が近隣の人に迷惑をかけているのではないかという不安が原因になっているのだと思います。閉鎖的でなく、開かれた環境のなかで子育てができるように支援していく必要があり、多くの機関や団体が熱心に活動に取り組んでいます。

　また、開かれた環境で子育てをするためには、地域のなかに「あいさつ能力」があることが重要です。最近は、地域に「あいさつ能力」がなくなりました。子どもだけでなく、大人でもあいさつできない人が増えています。「隣人が俺にあいさつをしてこない」と怒っている定年退職後の男性は、自分からはあいさつしません。私は、夫に「お願いだから、自分からあいさつしてね」と頼んでいます。やはり、あいさつは人間関係をつくるうえで重要で、その訓練は家族のなかで行われなければならないと思います。

　わが家でも、決して仲のよい夫婦ではなかったのですが、「おはよう」と「おやすみ」だけはきちんと目を見て言うことにしていました。

ただ言葉を交わすだけではなく、目を見てあいさつするということが大切です。目と目を合わせないあいさつは、あいさつではありません。家族のなかで、このような約束事をつくる必要があると考え、現在、孫にも伝えています。

◆もっと寛容に子どもを受け入れる

市川　犯罪の低年齢化や青少年の非行が問題となっています。「なぜ、この子がこのような犯罪を犯したのか」という理由を探すことも重要ですが、多くの子どもたちを非行に走らせない要因は何かという問いも大切です。

私は、①幼い時からの倫理教育、②家族や友人との関わり、③明日への希望、④適度な時間的拘束、⑤さまざまな人や出来事との出会い、⑥たくさんの失敗と立ち上がる際の手助け、が大きいと思います。そして、親は自分のことに目をつむって反省をせず、子どもの批判をしないこと。親も子育てをしながら育つというメッセージを子どもに送り続けることが大切に思います。

さて、子育て中の親は、非常に不安を感じていると思いますが、沖藤さんは子育て中の親を支援するためには、どのような視点が必要だと思いますか。

沖藤　私は、子育ては迷い道で、これが正解ということはないと思います。子どもには誰にでも「悪さ願望」のようなものがあり、まっすぐに育てようと思っても、育つものではありません。「まっすぐに育たなくてもよい」と思うことが大事なのではないでしょうか。社会全体が「悪ガキ」を許さない、不寛容になっていると感じます。「子ども嫌い社会」になっているのです。

また、非行に走らせない要素のうち、「明日への希望」は非常に大切ですが、一方で、親にとっては、「明日への希望」が「過剰な期待」につながってしまいます。特に、子どもの出来が母親の通信簿と言われるような風潮が、過度な期待を助長しています。

私も、自分の子どもを天才だと思っていました。娘の一人が研究者なのですが、今でも親子でノーベル賞の授賞式に着ていくドレスについて話し合ったりしています。笑われるかも知れませんが、期待というより夢を共有して楽しんでいます。

こんな母娘ですが、私は娘たちを絶対的に信用しています。このことは、私は母から受け継いだのだと感じています。娘たちも思春期には人並みの悪さをし、学校から呼び出されることも幾度かありましたが、親から絶対的に信用されていると感じる子どもは、「親を悲しませてはいけない」という気持ちになるようです。

親は子どもを絶対的に信用し、子どもは「親を悲しませてはいけない、喜ばせたい」という気持ちになる。そういう関係性をもつことができることが、親子のよさなのです。

◆介護と家族

市川　親の介護の問題は社会的問題です。私は専門職に「家族が介護すべき」と言うのではなく、「どうしたらよい介護ができるか」という具体的な取り組みを考えて欲しいと言います。介護を介護者一人だけで背負い込み、人やサービスなどの関わりを広げなければ介護地獄を生み出します。それぞれの家族、専門職、住民、他の当事者の方々との関わりは、まさに地域です。地域のなかで介護していくことが必要です。いま、介護について家族はどのような課題を抱えているとお思いですか。

沖藤　日本の場合、家制度の流れが残っていて、男系の生まれ順、つまり長男の家族が親の介護にあたることが多くなっていますが、男性は主として経済的な支援を行い、食事や排泄といった実際の介助は女性、つまり嫁が担っているのが実情です。しかし、介護の長期化や介護者の高齢化などで、家族の介護は限界にきています。
さらに、今日の介護は非常に専門的になってきており、娘が「孝行心」でできることではなくなっています。家族は、「できる限り自分の親は自分で介護したい」と思っていても、体力的にも、また知識の面でも難しくなっています。やはり、介護というのは人間的な行為なので、家族が精神面での介護に関わる必要はありますが、「介護は専門家に、愛は家族で」というキャッチコピーのように、実際の介護はさまざまなサービスを利用し、家族は愛をもって精神的な介護を担うという考え方が必要です。介護は家族が行うべきという形式で考えるべきではないと思います。

また、高齢者にとって人と会話をすることはとても大切で、家族のなかでも、孫と話すことで命のつながりを感じることができるのです。そのためには、長い親子の歴史も大切です。

戦後の親子の有り様は大きな失敗だったと思います。家業の喪失によって家族は絆を失い、その修復をせずに高度経済成長の波に呑まれてしまったようです。仕事が優先され、家族を大切にすることに価値が認められず、家族のなかでの思い出づくりが必要であったのに、そのような時間を過ごすことができなかったのです。今こそ、人間性を取り戻し、家族を取り戻す時期なのではないかと思っています。

介護についても、子育てと同様に正解があるものではありません。誰もが、「もっと、ああしてあげればよかった」と後悔の気持ちに苛《さいな》まれたり、親の姿が崩れていくのを見るのは忍びないという、介護のつらさを背負ってきたのです。このつらさは万人に等しくあることであり、また人間であることの証でもあると思います。

一方、家族の介護労働のつらさは、虐待や暴言などにつながりますが、介護サービスを利用することで、そのつらさは軽減できます。

家族は、排泄などの実際の介助ではなく、電話一本、葉書一枚でも伝えることができる愛情をもって精神的な部分の介護を担っていくべきだと思います。そのためには家族が健全でなければならず、「嫁という、血縁関係のない女性だけが介護を担うのはおかしい」という社会認識をつくりあげる必要があります。

市川　沖藤さんは介護に関する多くの書籍を執筆されていますが、そのなかで最も伝えたかったことは何でしょうか。

沖藤　やはり、介護されたくて介護されている親はいないわけで、常に「子どもの幸せを邪魔しているのではないか」という想いを抱えているという悲痛をお伝えすることで、介護の社会化を進めていくことの重要性を訴えたいと考えています。

私の友人で、93歳になる夫の母親の介護には介護サービスを利用し、自分はボランティアに専念している女性がいます。自分の人生を犠牲にせずに介護している姿は非常にいきいきとしていて、とても素敵な笑顔をしています。家族のそのような笑顔を見ることは、介護されている側からしても大切だと思うのです。

◆地域と家族

市川　家族機能が変化しているなかで地域が家族を支えていくことが必要ですが、逆に地域が家族を孤立化させている側面もあると感じています。介護の問題についても、家族に押しつけているという現実もあると思います。

また、先ほども申しましたように、学校と家族、職場と家族の間をつなぐ土間や縁側のようなものが存在せず、その役割を担うべき地域も崩壊しているという状況があります。地域福祉に携わる者として、家族というものをどのようにとらえる必要がありますか。

沖藤　家族観というと、いきなり明治・大正時代の下町の情緒的なイメージに戻ってしまう傾向があると感じています。家族というのは、先ほどもいいましたように、崩壊と再生を繰り返すもので、あまり固定化してとらえるのではなく、緩やかにとらえていく必要があると思います。

私の夫は家族を顧みない人でしたが、今では孫の保育園の送迎を率先して行ってくれています。夫にとっても、生活にハリが出るようです。そのような姿を見ていて、崩壊しかかっていた家族が再生できたのではないかと感じます。

やはり、人が生きるうえで、育幼養老の考え方は万国共通で、多世代が共生することはとても大切なことです。多世代同居が困難になっている今日の住宅事情のなかで、地域ぐるみで多世代共生の場をつくっていく必要があると思います。そうした場合、血縁だけを家族ととらえるのでなく、もっと広いとらえ方が必要です。

子どもが元気に巣立っていく場として家庭はありますから、親子、夫婦ともどもにたくさんの思い出を共有することが大切なのではないでしょうか。そのためにはかつての立身出世、良妻賢母という、男性らしさや女性らしさの枠組みに縛りつけられるのをやめて、仕事と自分の生き方とのバランスをとって家族が助け合って生きる、そのことを社会や地域が支えていかなければなりません。

男性が育児休業をとると管理職からバッシングを受けるという現実がまだまだ少なくありません。男女共同参画社会の実現に向けて社会全体で取り組む必要があり、そのことが家族を支えることにつながります。

今日の社会は、大いなるものへの祈りに欠けた社会であるとも感じています。私はときどき、ウォーキングの途中で神社に立ち寄ってお参りするのですが、心の落ち着き、ゆとりにつながると感じています。神社でもお寺でも教会でも、地域のなかに祈りの時間をつくり、心にゆとりをもつことも大切だと思います。

市川　私は今日、沖藤さんからいくつものことを学びました。その一つは、家族は変わっていくものという前提に立って、柔軟な心、寛容な心をもって家族をとらえることの大切さ。そこに家族の絆が生まれる。

二つ目は、あいさつの能力。日々の家庭生活で目を合わせてあいさつすることを心がけたという経験は、非常に参考になりました。

三つ目に、「仕事と自分の生き方とのバランスをとって家族が助け合って生きる、そのことを社会や地域が支えていかなければなりません」と言われたことに、家族を血縁だけにとらわれず広くとらえて、家族、家庭の再生を図りたいという強いお気持ちを改めて感じました。

最後に、社会福祉の視点から、介護について考えますと、第一に多様なサービスが不足していること、第二に利用を支援する仕組みをより充実させることが急務だと思っています。第一に関してですが、介護する家族の状況や当事者が生活する地域も非常に多様になっています。したがって、サービスも今までの施設だけでなく、住まいの場としてグループホームなどさまざまな住宅を取り込むことが必要ではないでしょうか。また、第二に、サービスを知らず、またわからず、利用を躊躇している利用者を支援する専門職が大切です。その専門職には、各家族がおかれている状況や課題を把握し理解する能力や、刻々と変化する家族の状況に迅速かつ柔軟に対応していく能力が求められていると再確認しました。

いま、社会の急激な変化のなかで、家族の意味と役割を確認し、それを支える地域や社会の責任が問われています。沖藤さんのお考えは、それに取り組もうとする私たちに多くの示唆を与えてくださいました。本日は、ありがとうございました。

（「ウオッチング２００６」『月刊福祉』全国社会福祉協議会、２００６年2月号、66～73頁）

2 「地域に生きるために」

諏訪中央病院保健医療福祉管理者◆鎌田 實

◆医療の意味

市川　今日は地域医療や在宅医療に先駆的に取り組み、また生や命をあたたかな視点で見守り続けてこられた諏訪中央病院の鎌田實さんとお話を進めていきたいと思います。

はじめに「医療の意味」についてお伺いします。医療技術は1990年代に相当な進歩が見られましたが、データ至上主義に偏り、カルテを重視して人としての患者の姿についてはあまり省みられなかったのではないでしょうか。いま、医療とは何か——本来の姿を取り戻そうという動きが盛んになっていると私は認識しています。医療の役割とはそもそも何なのでしょうか。

鎌田　個人的には、医療はその人がその人らしく生きるために存在すると考えています。それは高度な技術を要する最先端の医療も、そして僕たちが得意にしている地域医療や在宅医療であっても変わりません。そう考えてくれれば、高度医療に対しても、その技術が技術のためにあるのではなくて、苦難の中にいる人のために脳外科や心臓外科が存在しているのだということへの理解が広がると思います。

市川　その意味では、医療とは患者がその人らしさを取り戻すプロセスを大切にし、患者自身の明日に向かって生きる力を見い出し、治療に取り組もうとする勇気と思いを支えることなのでしょうか。

鎌田　その人を支えるためには技術だけではなくて、技術プラスアルファの数％分が必要なのに、その数％をこの国の医療は失い出しているために、いま国民は医療に対して大変な不満や不安、不信感をもっているのではないかなという気がしています。

市川　その人らしく生きるためには、自己実現・自己決定・プライドを尊重して、いつまでも自分の生き方を考えられるように機会を提供し、環境を整えることが必要だと思います。

鎌田　僕らは人口5万6千人の町で一つだけの病院ですから救急医療も高度医療もやりながら、支える医療もやってきました。いま市川さんが言われた三つの視点に向けては、確かに日々の中で努力しているような気がしますね。

市川　その意味では、患者さんが「この医者と一緒に治療に取り組んでよかった」と感じられることも大事でしょうか。

鎌田　すごく大事なことだと思います。医師一人だけで病気を治すわけではなくて、やはり患者さん自身の中に内在している病気と闘おうとする力を引き出すことも大事だし、優れた技術をもった医師がそこに寄り添っていることも大事です。その両者をつなぎ合わせるためには、相手のつらさや痛み、苦しさに対する想像力の有無が医療者側にあるかどうかを問われている気がします。

◆自己決定が成立するための視点

市川　しかし今まで多くの医療現場では、医師と患者は上下関係にあると考えられていました。医師の判断によって退院や手術の決定もされるように、自己決定といっても医師の権威には今までなかなか逆らえなかったのではないでしょうか。今まで関係者の間で、一つひとつ積み上げられてきた積み木が、医師の「自己決定」で一気に崩されていく。

鎌田　僕も常に患者さんの自己決定が大事であ

（かまた・みのる）1948年生まれ。1974年、東京医科歯科大学医学部卒業、長野県諏訪中央病院に勤務。1988年から2001年まで諏訪中央病院院長を経て現職。1991年より日本チェルノブイリ連帯基金（JCF）理事長。著書は『がんばらない』『あきらめない』『病院なんか嫌いだ』『生き方のコツ、死に方の選択』『命の対話』（すべて集英社）など。

写真撮影◆藤田政明

ると考えています。自己決定を成立させるために大切な二つのことがあります。一つは、本当の話をしない限り正しい自己決定はできないということです。僕たちプロはどううまく隠すかではなくて、どう本当の話をショックなく患者さんやご家族に伝えられるかという点でその力量が問われていると思っています。

　もう一つは自己決定といったときに、決定という行為が明確に見えるためには自ら選択するという行為が大切だと思います。いろいろな道があるのに、そのうちのひとつだけを医師がお勧めして、ご本人が「よろしくお願いいたします」と言ったら、それで自己決定が成立したように思われてしまっていますが、いくつものメニューをお示しして、個々の長短をご説明したうえでその人の人生観に合った形で決めていただくことで自己決定が成立するのではないでしょうか。

市川　その際、緊急性を要しない場合には自己決定のための猶予期間も大事ではないでしょうか。その場で即断しろと言われても、即断が難しい場合は、考え、相談し、悩む時間も患者に認められるべきだと私は思っています。

鎌田　さらに違う視点で補足すると、今は時代が過渡期にあるのだと思います。地域医療の中でお付き合いをしている高齢の方々は、自己決定の習慣が形成されていらっしゃらない方も少なくない。今後はもっと自己決定を強く主張される方が多くなると思いますが、僕は共同決定というか、高齢者と一緒になって専門家がいい選択をしていく時期が、ケース・バイ・ケースですけれども、もう数年あってもいいのかなと思っています。

市川　そこに例えば保健と福祉の連携もあるかも知れませんね。医療ソーシャルワーカーや保健師、ヘルパーがいて、そして医師たちが一緒に支えていく。

鎌田　そうなると最高にいいですね。いろんな視点で、例えば医療者の僕らが見えない視点を、介護をしている方が生活を見る視点からその人と関わりながら共同決定に加わり、本人が納得できるような選択ができるようになれば、とてもすばらしいと思いますね。

◆告知と希望、それを支える家族の力

市川　それでは重い病気の場合の告知についてお伺いします。人によって告知の仕方があるとは思いますが、医師としてお苦しみになりながら、迷われながらなさっているかとも思います。

鎌田　僕が告知にこだわるようになったのは、『がんばらない』に書いた「たぬきのおばあちゃん」の言葉からです。夫婦二人で農業をやってこられ、ご主人が白血病になって、僕はお子さんたち全員には「白血病で非常に厳しい状況だ」という話をしながら、おばあちゃんつまり奥さんには貧血だと説明をしたのです。20年ほど前のことでした。そのおばあちゃんとは治療

中に大変仲良くなって、ご主人が亡くなった後も僕の子どもを呼んでくれて、芋掘りをさせてくれました。

仲良くなって4、5年目ぐらいの頃です。家へ行って、おばあちゃんのつくった芋汁を食べているときに、笑いながら「先生、何で本当のことを言ってくれなかったんだ。先生はやさしい人で、おじいちゃんの命が限りがあるから、少しでもよくなると外泊や外出をさせてくれたことが後になってわかって。

でも、あの頃は貧血と思っていたから、おじいちゃんにゆっくり養生してもらうためには、私がしっかりやっている姿を見せつけてあげたいと思って、おじいちゃんが外出してくると、おじいちゃんを一人でずっと寝かせて、私は野良仕事に出ていた。

先生がもし本当のことを言ってくれていたら、私は農業なんか放っぽり出して、おじいちゃんの布団の中へ潜り込んであげたのに」と言われたのです。おばあちゃんのために僕はウソをついたのに、結局おばあちゃんのためになっていなかった。ましてやおじいちゃんのためにもなっていなかったということが分かったのです。

本当のことが伝わらない限り、家族としての選択も、あるいは本人も自分の人生を決めていくうえでいい選択はあり得ない。だから本当のことを伝えようと思ったのです。

市川　ある意味で人生の最終点が見えることは失望にもつながる。しかし、かなわない希望はその人と家族を絶望の淵に追いやる。ですから事実をはっきりお伝えしていくことが大事だと思います。しかしその際には、告知の仕方や告知した後の関わりが大切ではないでしょうか。安易な告知は医師のための告知なのではないでしょうか。鎌田さんは告知した方とずっと寄り添っておられたと思います。

告知とは事実を伝えるだけではなくて、伝えたその後にどう寄り添うかという、それも家族や医師だけではなくて、看護師や医療ソーシャルワーカー、介護者等々の他の者が寄り添っていけることを認めることが大事と思います。

鎌田　おっしゃる通りで、いま告知が急激に進む中で、むしろ暴力的な告知になっている。結局、患者さんのためではなく、告知する側の医師が訴訟や何かに巻き込まれないようにするための告知という見方がされてしまうところにあるのではないでしょうか。

そうではなくて、つらいことをお伝えするということは、その後も痛い思いをさせませんよとか、一緒に病気と闘っていきましょうねということ、その思いが一緒になることで、悲しみやつらさを乗り越えることができるはずです。むしろ、告知よりもその後が大切なのに、その後のことは放り出しておいて、告知だけして責任は終わったと思っている医師たちが多いところに、今の問題があるのではないかなと思っていますね。

市川　先ほどは家族に寄り添うお話がありましたけれども、家族はその事実を受けとめられるのかということ。もう一つは、ホスピスはその方が亡くなったら役目を終えるのではなく、家族にとってはそれからも心などの痛みが続く。ですのでグリーフワークなどの家族へのケアが必要です。また、家族自体はそんなに冷静になれるわけではありません。家族は悲しみを患者ご本人と共有することができるのでしょうか。

鎌田　できると思いますね。家族があるからつらい状況を乗り越えることができる。もちろん家族ですべてが解決できるとは思えませんけれども、苦難を乗り越えていく、あるいは悲しみを乗り越えていくのに家族の絆はものすごく大きいと思いますね。

『がんばらない』の中で触れた、大腸がんで亡くなられた30代の若い女性の場合は、そのご家族がいまだにピクニックのような支度をしてみんなで僕らの病院に来て、故人と一緒に過ごした庭でお弁当を食べて、緩和ケア病棟でお茶を飲んで行かれます。僕らはそのご家族とチームになって一緒に患者さんを支えようとしたのだけれども、実は患者さんご本人だけではなくて、家族にとってもいい時間を共有したことによって、大切なものを失ったことの喪失感を乗り越える力を、あの当時養っていたのではないかと思います。

市川　ホスピスの一つの原点は、死後の議論ではなくて、死に至るまでいかに豊かに生きることができたか。その道程で家族がともに歩み、看取る体験を積み重ねられたか。その経験が家族のその後に大きな意味をもつ。だからこそ医療保健福祉関係者は、これから厳しい現実に真向かおうとする本人と家族の歩みに自分たちが寄り添っていこうと決意するのではないですか。そこには患者の命への敬意と、命の営みへのたくさんの深い絆が生まれている。

鎌田　僕たちは日本で訪問看護の制度がなかった頃から地域医療の形で在宅医療を始めています。初代責任者は女性保健師でしたが、彼女に「うちの訪問看護の役割は何？」と尋ねたら、「たった一つだけ言えというなら、私たちの目標は家族を支えることだ」と言ったのです。

「私たちがどんなに足繁く訪れたとしても、基本的にはご家族が24時間支えようとしている。私たちは家族が支え続けられるように、疲れないような介護の仕方を伝えたり、心が疲れている時はぐちを聞いてあげたりする。それが私たちの務めだ」と。

彼女たちは、患者さんが亡くなった後も仕事を終えませんでした。お悔やみ訪問といって、亡くなった後も必ずおうちへ訪問して、ご家族に声をかけて労をねぎらい、お線香をあげさせてもらう。いまだにそれは脈々と続いています。亡くなった後、お葬式や何かでお忙しいところが終わってぽっかり風穴があいたように、ちょっと何か寂しくなったときに一緒に介護に加わった仲間が訪れてくれると、とても喜んでくださいます。

地域で命を支えていくときの家族の役割はすごく大きい。そこにきちんとプロとしての視点をもっているかどうか。その患者さんをよく診ることは当たり前のことで、むしろそれプラス、一緒に生活している家族をどう支えるか、それからその家族の向こう側にある地域を常に意識しているかどうかということが大事なことなのかなと思っています。

◆あたたかな急性期病院

市川　今の状況では福祉も保健もですが、退院や退所する際に病院や施設との関係が切れる状態で家族に預けてしまう。在宅での受け皿が不明確で、家族は不安と孤独のただ中に置かれる。在宅と入所との連続性がない。医療と福祉間、医療機関間の役割分担が実際には不十分な場合が少なくない。諏訪中央病院はそれをできるだけ避けて、在宅医療、訪問看護の部分と病院内の治療の部分との連続性をできるだけもたせようとされていらっしゃいますね。

鎌田　当院のスローガンは、新しい院長が職員たちとみんなで考えて、3年前からは「あたたかな急性期病院」としています。「あたたかさ」とは、スタッフの一人ひとりがあたたかな空気や言葉をもっているだけではなくて、プラスあたたかなシステムを意味します。

僕たちの病院は国保の病院ですから、地域の医療費を上げないで、なおかつ病院の経営も成り立たせないといけません。ただ平均在院日数を下げることだけを目標にしてしまうと、患者さんを見放す医療とか、放り出す医療になってしまうから、多様なメニューをつくっていくか、あるいは地域にある資源とつながることによって、患者さんを必ずどこかへつなげていく。特別養護老人ホームや老人保健施設、在宅医療、ホスピス、回復期リハビリ病棟や療養型の病棟につなげることによって地域の平均在院日数は短くなり、だけど地域の人から見ると安心のシステムの中にいられるようになる。

地域で苦難のなかにいる人を僕らは見てしまった。見てしまったものに対して見ぬふりをしないで、一個一個具体的な解決案をつくっていったら、結果として複合体みたいなものができてしまいました。

今、新院長が考えているのは、この複合体をできるだけ解体して地域の開業医や民間の施設とどうつながっていくかということです。それが「あたたかな急性期病院」だというのですね。非常にいい狙いではないかなと思っています。

市川　そういった場合、例えば行政や社会福祉協議会や地域の様々な資源があると思います。住民、サービス、施設や機関、専門職、地域関係、ネットワークなどの地域資源との連携は鎌田さんが目指す地域医療の実現にとって必要ではないでしょうか。その際、地域課題を共有化し、それぞれの力を活用し、連携して取り組んでいくことが大切であると思いますが、実際の現場ではいかがですか。

鎌田　僕らのまちは、一つひとつの福祉サービスのレベルはそれほど突出しているとは思いません。けれども住民が自分たちですべて議論して決め、決めたことに住民自身が汗を流しながら、できるだけ実践していくこの手法は大したものではないかと思っています。

行政側も「民間中心」と言い出して、住民が集まって決めたことをできるだけ約束を守って実践に移すことが行きわたり出しています。だからときに失敗しても、基本的には住民が加わって決めてやったことだから、みんなが納得できるようになってきました。

茅野市と諏訪中央病院で何か新しいことがやれているように見えるけれども、実はそうではなくて、むしろ行政も諏訪中央病院も住民を後ろから支える後方部隊みたいな形になり出しているんですね。

市川　住民の推進力の素地は茅野市保健福祉計画以前からあったのですか。

鎌田　きっかけは茅野市保健福祉計画「ビーナスプラン」ですね。僕らも行政側もバックアップに回ることを教えられましたし、行政的な感覚ではちょっと不安と思っても、住民の決めたことはちゃんと守るのが行政の役割だということを市長から繰り返し言われて慣れてきました。議会も初めは文句を言った時期もありましたが、それも今は当たり前になってきています。

市川　そういう意味では居心地がいい、ある程度自分たちも納得できる計画なのですね。

鎌田さんは本で書かれておられますが、人と人のつながりの中で人は生活を営み、人と自然のつながりのなかで命は生かされ、体と心のつながりの中で生命が育くまれている。このつながりを地域にあてはめると、その地域の姿が浮かび上がってくると思います。鎌田さんにとって地域とはどういうところなのでしょうか。

鎌田　やはり僕は地域で育てられたというか、僕のいろいろな考えや行動の指針をつくってきたのは地域だったような気がします。それは偶然仲良くなった保健師さんたちに地域へ連れ出されて、地域から病院を見る習慣がついたのです。その経験から地域の人たちは病院にどういう期待をしているのかが分かってきたし、僕もそこで初めて家庭で寝たきりの高齢者に接した。その視点から、病院をつくるときに地域の視点から病院づくりをすることができたんですね。

だから諏訪中央病院は、「病院に入っただけでも空気が違う」と多くの人たちが言いますけれども、それは病院をつくるときに、多くは医師や看護師たちが働きやすいような病院が日本ではできてしまうのに、諏訪中央病院は地域の方々や保健師さん、ヘルスボランティアの人たちから教えられたことを病院づくりに役立ててきたためです。

◆とまり木を地域の中につくる

市川　最近、自分には地域の中にいくつの「とまり木」があるかが問われているように思っています。ちょっと自分が立ち寄って座っていられるところ、例えばひとり暮らしになって、ちょっと食堂に立ち寄って晩御飯を食べて、みんなでおしゃべりをして家に帰る。イギリスだとパブというところがあり、仕事帰りに寄ってビールやジュースを飲み、おしゃべりする。休日に仲の良い友人と待ち合わせる。パブがパブリックの語源だと言われます。気楽にちょっと集まれるところが公共の場であり、その集合体から地域生活が生みだされてくると考えています。

その例として、「ふれあい・いきいきサロン」をあげることができると思うのです。ちょっと立ち寄る場。世間話に花を咲かせる場。家にいるだけではなくて、寄って、食事をしたり、話がはずむ場所。このような「とまり木」がある地域は、つながりの強い地域ではないでしょうか。

鎌田　医療という視点から「とまり木」を解釈すると、病院の中に居心地のいい、ほっとする空間をいっぱいつくりたいと思ったことに繋がります。それで病院の施設の中には庭も含めて、そこら中にほっとできる空間をつくってきたと思います。けれども地域の中に「とまり木」があるかというと、これが茅野のなかでは今いちばん大きなテーマだとも言えます。

もともと90近くある公民館活動の非常にさかんな地域です。市長やビーナスプランのリーダーたちは、公民館の分館単位で小さな福祉の助け合いの芽をつくりたい、その刺激役に「いきいきサロン」を構想しているのだと思います。

市川　介護保険と同じかも知れませんけれども、公的なサービスだけでは補えないものはたくさんあることに鎌田さんは気づいてこられた。大事な基盤ができたうえでプラスアルファを積み上げる、そういう新たな出発点に茅野が立っているということですね。

◆世界的な視点と日常の視点

市川　鎌田さんは、1986年に起きたチェルノブイリ原発事故の被爆者の支援にも積極的に取り組んでいらっしゃいます。平和がないと、生命を見つめ、生命と向かい合いながら生きることの前提が崩れます。鎌田さんがどういうお気持ちでそこに取り組まれているのか。お考えを伺います。

鎌田　それは一人の市民として困った人に何かしたいと思い続けているので、応援をし始めたわけですけれども、14年間で74回医師団を派遣し、約6億円の寄付で購入した医薬品や医療機器を送り、今まで助けられなかった子どもたちが助かるようになってきました。

実は7月の初めにイラクの医師からSOSが入ったのです。劣化ウラン弾を多く投下されたイラク南部の町バスラでは、子どもの白血病が通常の7倍とか、先天性の障害がやはり7倍近く発生しており、若いお母さんたちが子どもを産むことに恐怖を覚えるようになってきている。中東での支援に実績のあるJVC（日本国際ボランティアセンター）から、白血病治療支援に実績のある僕たちJCFに依頼がありました。

8月に僕は隣国のヨルダンに行き、ヨルダンに来てもらったイラクの医師たちと協議をしました。かつてヨーロッパに勉強に行った経験があって力のある人たちが多く、彼らは「戦争が終わったら世界から支援が入ると思っていたら、局地戦がまだあるからかもしれないけれども、どこからも助けが来ない。子どもの命は待っていてくれない。本当に必要な最小限度の薬だけでいいから送ってもらえないか」というのです。僕は日本に帰ってきてすぐに募金活動を始めましたが、チェルノブイリの支援のときから日本人ってすごいなと思い続けていますけれども、今回のイラクの支援はさらにすごいですね。10月後半に第一陣の支援として、4500万円の医薬品をイラクへ出しますが、引き続き支援を呼びかけているところです。

アメリカ人が9・11を忘れないということと同様に、イラク人がつらい思いをさせられたというお互いの恨みの連鎖みたいなものが繰り返されているように思います。こうした連鎖を断ち切るためには、つらいときに自分たちの国の子どもたちの命を救ってくれる人たちが出てくれば、ハッと立ち止まって、平和の大切さみたいなものに気がつくのではないか。医師としてはもちろん子どもが実際に助かって欲しいという思いもあるのだけれども、平和に向かって歯車が一つでも噛み合って欲しいと思います。そうしたことに日本から行った薬が役立ってくれるといいなと思っています。

市川　いま恨みの連鎖とおっしゃいましたけれども、今度は救う連鎖というか、平和や生命の大切さ、自分も他人も幸せに生きたいという当たり前のことをもう一度見直していこうという連鎖が起こることを、私は期待をしています。私たち自身はどうしたらその中に入り込めるのでしょうか。

鎌田　僕は地域医療を30年間やってきましたが、やはり足元のことをきちんと見つめ続けることと同時に、自分たちを支えている地球という大きな視点でしか自分たちの環境も平和も守られないわけですから、その両方について想像力を豊かにしながら二つを行ったり来たりして、自分としてやれることを探していく。逆に言うと、世界や地球の視点で見ることによって、自分の足元、自分のいちばん大事な地域医療も豊かになったり、柔らかくなったりしてきたような気がします。また、足元のことをちゃんとやっていくことで、また大きな視点での活動も豊かになり、協力者が現れてくる世界になり出したなと思っています。

市川　私は、鎌田さんから自分らしく生きる原点を「人と人のつながりの中で人は生活を営み、人と自然のつながりのなかで命は生かされ、体と心のつながりの中で生命が育くまれている」ことに置くことの大切さを学ばせていただきました。そして自分が歩んでいる道を常に確認していったとき、「できるだけ大きな視点で地球を見つめる」行動へと自然と繋がっていくのですね。それぞれの絆の中で自分らしく生きる、その人らしく生きることの意味が明らかになってくると学びました。いま世界中で、本当に目を覆いたくなる悲しい出来事が起こっています。でも、それが現実です。恨みの連鎖を切って、救いの連鎖にかえていくためには、これらの絆を確認する一つひとつの行動が求められていると思いました。

◆その人らしく生きるための支援

市川　最後に、社会福祉関係者に向けてのメッセージをお伺いします。

鎌田　初めに医療の役割について僕の考えを述べましたが、おそらく福祉もその人がその人らしく生きるために存在しているのではないかと思います。

最近、ある寝たきりに近くなった高齢の女性に「死にたい」と言われたのです。偶然、若いケアマネジャーと僕の往診が一緒の時で、そのケアマネジャーの翌月のケアプランが見事でした。彼から電話がかかってきて、「先生、私がおんぶしていきますから、先生とおばあちゃんと来月、ラーメンを食べてくれませんか」と言うのです。

実は、彼女が寝込むきっかけが、家族と一緒にラーメンを食べに行くときに、玄関先で転んで、それがきっかけで骨折をして寝たきりになったのですね。そこまで聞き取ったときに、生きるための何か一つのきっかけをつくることが、患者さんにとっては大事なケアプランだと思ったのでしょう。
彼は、病院の屋上食堂まで彼女を連れてきました。三人でラーメンを食べました。それまでどんどん介護量が増えていたおばあちゃんは、それをきっかけにしてまたリハビリも始めるようになりました。死にたい患者さんにとって必要だったのは、生きる意味のようなものだったのでしょう。

時にマニュアルに沿ったプランを超えて、生きている一人の人間にとって何が必要なのかを考えてくれる担当者がいると、こんなに変わるんだなと勉強させられました。

市川　なかなか希望をもち続けることは大変です。しかし、それぞれの人にそれぞれの希望や明日があると思いますし、それぞれの人にはそれぞれの生き方がある。その生き方を、一人で背負うのではなくて、地域やさまざまな人たちと背負っていくところに福祉の専門職の役割があると思っています。

専門家と言われますと、何か自分は全部わかっていると思ってしまいますが、実は自分自身がいちばんわかっていないことをわかることが専門家としての始まりだと最近感じております。お話ができたことを心より感謝いたします。ありがとうございました。

（「ウオッチング２００４」『月刊福祉』全国社会福祉協議会、２００４年12月号、60～67頁）

3「その人らしく生きる——大切なことを大切にできる自分、そして社会を」

画家・詩人・絵本作家◆葉 祥明

◆存在そのものが愛である

市川　共生社会もしくは参加型社会ということが求められる中で、とりわけ「排除しない」「個々の違いを認めあえる」社会が模索されています。同時に、地域に互いに出会い、理解しあう「居場所」「とまり木」となるところが必要であると叫ばれ、さまざまな試みがなされています。葉祥明さんは日頃から、その人らしく生きていいということや出会いの大切さについて、作品の中で取り上げていらっしゃいます。また、「思いやりがなくても生きてはいけない」とも言われています。しかし生きる価値がない」とも言われています。

まず、社会における関わりの一つ、「思いやり」について教えていただきたいと思います。

葉　ぼくは子どものときから、言葉で何か表現されていることが好きでした。言葉を覚えると、読み書きだけではなくて意味も覚えます。そして大人になる間に何となく意味は知っているし、読めるし、書ける。でも本当にその字は何なのだといったとき、ある状態、現象を言葉で表していることだと考えるようになりました。

そこで今日のお話も、まず「思いやり」という言葉の意味について考えるところから始めたいと思います。「思いやる」は、「思い」という字に「やる」をつなげる。「やる」は「遣る」で、残すとか遺産というような字ですよね。思いといったら、

（よう・しょうめい）1946年生まれ。ニューヨークのアート・スチューデンツリーグに留学、油絵を学ぶ。1972年、初めての創作絵本『ぼくのべんちにしろいとり』を、日本、イギリス、フランス、スウェーデンで発刊。以後、創作絵本、画集、詩画集、詩集、エッセイ、写真集等多数の著作を発表。1990年、絵本『風とひょう』でボローニャ国際児童図書展グラフィック賞受賞。1997年、絵本『地雷でなく花をください』で日本絵本賞読者賞を受賞。

写真撮影◆藤田政明

「心」という言葉につながって表現できます。心とか意識とか、その人の自身の何か。それを残し、受け継ぐとか、引き渡すということになります。

漢字で考えたら一見難しいのですが、しかし逆に本質が分かりますね。ぼくはこれは「愛」と言い換えられるのではないかと思っております。大切な自分の心を誰かに、何かに、後世に残すということですから、大切ですよね。たんに優しくするとか、親切にするを越えた何か意味があるように感じ、ぼくはいま「愛」というような言葉がふっと浮かびました。市川さんは「福祉」とおっしゃり、そして「思いやり」「やさしさ」が出た。ぼくは愛を自分からシェアすることなんだと思います。

市川　それは、自分が持っている愛を相手にあげるということでしょうか。

葉　本来、人間の存在は愛そのものではないかと思うわけです。命も愛。そしてそれを分かち合うんですね。

市川　そのときに自分を愛せることが大事ですか？

葉　まず自分の中にその愛が「ある」と実感してなければシェアはできません。でも実際は、愛なくしては存在はないのですから、あるんですよ。それに気づいてないというだけです。まず自分の中に愛があるという気づき。愛そのものなんだという学びが必要です。

市川　愛されていることを分かるということや、みんなに支えられているということを分かることが大事だということを、いろいろな形でお伝えになっていらっしゃいますね。愛されてる経験があるから愛せるのであり、自分の心に愛があるから愛せるということなのでしょうか。

葉　そういう見方もあるのかも知れませんが、本当は無条件でしょう。無条件に存在しているのだから、「〜だったらこうする」ということは本当はないのだと思いますよ。

市川　いまたくさんの人々が「愛されてる」ということを実感できず、孤独感を抱いて彷徨っています。その社会現象が孤立です。さらに都市は、会話と出会いのない地域、心を閉ざして歩く社会になりました。心を開き、理解し合いたいと思いながら、人工の光で一日中闇のない場所にたくさんの若者が集まっています。

葉　愛されてない、愛したいのに愛せない、愛してほしいのに愛してくれないという欲求の中にいるのでしょう。ところが、生きて存在していること、それ自体がもう愛されてる証拠だよ、ということをぼくは言っているのですね。キリスト教で言えば、神様の愛があるからあなたはここに存在している、あなたは神様から愛されているのですということですが、「神って何？」と言われると難しくなります。あえて宗教的な言葉を使わないでどう表せばいいか？

以前は親という答えがありました。お父さんとお母さんの愛によって生まれたのだと。ところがいまは逆に、家庭内で親子に葛藤があります。そこで「内なる神」という言い方になりますけれど、自分の中に、自分自身に愛されているもう一人の自分、本当の自分を見つめていく。探している愛の対象は外でなくて内側、自分の中にあるのです。

それではどうやってアプローチしていったらいいか？　そこで自己認識と自己探求の双方を人類は文化・文明の中でやってきているのです。

市川　ご著書『ことばの花束』の中では、「あなたらしくいることが、そのまま個性です。そのためには誰よりもあなた自身がそれをよく知っていることが大切だ」とあり、また「孤独を恐れる必要はありません。静けさと安らぎをもたらす孤独の中でこそ、あなたは本当の自分と出会うことができる」と書かれていますね。

葉　ぼくの言いたいことはいつも結局そこに帰ります。全てがあなたへのフィードバックであり、自分を見つめるためのきっかけです。以前はオールマイティである神という存在、神という認識の考え方がありました。頼る相手も神です。でもいまの時代は自分の中を見る。人によってはその中に神を発見する人もいるでしょうし、本当の自分というのを見つける人もいるでしょう。自分自身の経験から言っても、やっぱり自己認識がすごく現代人には必要だと思います。

◆老いという長い秋を味わう

市川　それでは「老い」というテーマについてはどのようにお考えでしょうか。老いには生物学的な要因だけでなく、思想、哲学、宗教が深く関わっていると思っています。

葉　ぼくは、人間の人生のはじめと最後、途中、その全部を描きたいと思っていますから、老いは重要です。老いを、哲学的認識として最初に言ったのはボーボワールやサルトルですよね。そしていま、われわれもやっと、１９６０年代のサルトルが達した認識に達しているのだと思います。だけどわれわれは哲学者ではありません。そこでぼくは考え方の方法を一つの形として書こうと思っています。

それで老いをどう考えるべきかというと、ぼくの立場は、老いは老いで非常に慶ばしいことである、それはまったく自然なんだということです。老いの先に待っているのは死です。これも同様に慶ばしいことです。生が慶ばしい、誕生が慶ばしいのなら、途中も晩年も最後も、全て慶ばしい。まずそれを受容するということです。否定しない。そして恐れない。そうするとまず心が楽になって、老いの年月を重ねた変化を冷静に受け入れることができると思うのですよ。

ぼくは若いときから、冬枯れを老いの最後である死に例えるとすれば、秋を長く楽しみたいと思っていました。いまぼくは、秋を早めに始めて味わっているところなんですよ。もうじたばたしないし、焦りもしないし、悠々自適にじっくり変化を楽しむというつもりなのです。

ですから、おおいに老いを、死を、積極的に、前向きにとらえる。エンジョイしようと、ぼく自身思っているのですよ。それで人にも、老いや死は厭うべきもの、悲しむものという常識は「違うよ」と言い、孤独も一人寂しいのではなくて、慶ばしいのだということを言っています。

市川　その意味では老いへの入り方が大切でしょうか。

葉　「おぎゃー」と生まれたときから老いや死へ向かう。組み立てられていって、完成したらあとは崩れる、これが現世のならいですよね。それが分かっていればジタバタする必要はなくて、その要素として病気があったり、恋があったりするわけです。みんな必要な出来事です。まず老いるということをよく知り、その前から自分がどういう老いのライフスタイルをもつのか、心のあり方から体の動かし方から準備しておくのです。

人生のプロローグ、エピローグも無数にあります。人生の小さなドラマ、中ぐらいのドラマ、そして一生という、人の大きなドラマ。それを自分で演出・構築していくことができれば、冷静に受け止めて、味わうことができます。これを味わうためにこの世にわれわれはいるのですね。

◆魂を大切にする文明への移行

市川　社会福祉は生活を守り援助をするという視点で発展し、重要な役割を担ってきました。しかし提供者の視点が優先され、利用者は一方的に保護される側に置かれていたのではないかという疑問が生まれています。なぜなら、福祉サービスが使いにくさやその人にとっての居づらさを感じさせる一面もあって、もう一度社会福祉のあり方そのものを見直そうという動きが起きています。

葉　確かに、システムも予算も、人手もやり方も、何とか今までよりは良くしようとずっときていますよね。そしていままた変換期に差しかかり、よりその人らしさ、一人ひとりの人間としての尊厳を大切にしなければいけないなという気持になってきていると思います。大切なのはやはり、哲学とか心構えというもっとも基本的なところがあり、そのあとに施設やケアのやり方などが出てくるのですね。

　この人が不自由を被っているから手助けをする——。形としてはそうですけれど、本当は、一つの人生がそこにあるのだということを受け入れるべきでしょう。お互いに、本当は嫌なんだけれど仕方がないからやるんだということではないように、まずしていきたいですよね。

　ぼくは、高齢者の施設に行くことがよくあり、意外なことに気がつきました。入所されている方々は、要介護度5の方からさまざまな段階の方がいらして、ぼくの全感覚を使うのですけれど、シーンとしています。そのホームでは時間がある程度止まっている感じがあり、とても静かです。これは寂しいような見方をよくされるのですが、ところがぼくは逆にその静けさを欲していまして、静けさとか空気の穏やかさが気に入っているのですよ。実際に介護に携わっている方々の大変さというのは勿論ありますが、ぼくはむしろ2日に一遍ぐらいずっと通っていることが、ぼくにとって心がすごく安らぐひとときと空間なのです。

老いた人あるいはハンデをもってる人のお世話は、見た感じで大変だということの奥に、安らぎやあたたかい大切な何かがあると感じました。悪いことや大変なことだという認識があるかぎりは、働く人たちも頑張ってやらなければいけない。ところがそれは自然なものだとして、むしろその場が醸し出す静けさや安らぎや、ゆっくりした感じを大事にして、ケアをしていく喜びという形に考え方を変えることでできるのではないかと思います。

市川　社会福祉施設も、「住まい」「生活感」が大切にされています。生活の「におい」がして、生活の「おと」が流れ、一日一日の生活の歩みが過ぎていく「生活の場」であり、「生きる場」であるところは私自身も落ち着きます。ある小規模多機能施設は、「生きる場」を指向していました。これからの福祉は、生活を集団という型にはめてしまうのではなく、その中で生活のしやすさとか生きやすさを考えようという方向性を模索していると思います。

葉　お仕着せの、型にはまったようなものは、職業も教育もライフスタイルも、もうわれわれはそろそろ卒業なのですよ。

市川　サービス水準は維持し、ワーカーの質の確保は大前提として、その上で利用者に個性があるように、ワーカーにも持ち味を最大限生かしてもらいたい。利用者の尊厳を傷つけないことは当り前ですが、一方で生活者としての視点もワーカーに求められることであり、利用者の個別支援に生かされなければならない。専門性と人間性、生活感は互いに補い合うもの。利用者がほっとできる関わりも必要です。

葉　老いの最後にも、なるべく日常性をもちながら生活したいということが出てきたのだと思います。施設はこれからもどんどん開かれていくと思いますし、かえってそういう場所に行けば安らぐこともあるかもしれません。お寺や教会に行って精神的に安らぐように、施設が安らぎの場となっていくかもしれませんね。

市川　おっしゃるとおりですね。そこがある意味での関わりの場かもしれません。ところで、安らぎと寂しさって裏腹だとお思いになりますか？　静かな所で安らぐということと、実は孤独で寂しいという気持ちは、ちょうどコインの裏表というところはありませんか。

葉　そうですね。多くの人が居る中でむしろ孤独を感じることもあるし、一人でいたほうが安らぐ場合もあります。それはその人の性格や、その人のそのときの心のあり方によりますね。

でも究極のことを言うと、本当は外側は関係ないのですよ。全て内なることですよ。

市川　それが精神性ということでしょうか。

葉　精神性、魂のレベルですね。大切なことは、福祉も含めて「人間とは何ぞや」ということなのです。肉体あるいはこの脳が私であるということではなくて、この肉体この脳を使っている「何か」が私である。その「何か」とは、かつては魂あるいは「スピリッツ」と言われ、精神、意識、心、そうした言い方をしています。目に見えない私の本質、それをやはり認めなければいけないと思います。となると大切なものは当然本質であり、本質に対して働きかけると自ずと肉体のほうも変わってきます。

われわれは、医学もその他のあらゆる営みも、もう魂のほうを大事に考えた文明に移行しつつある、移行しなければいけないというように思っています。経済活動などもそうですね。その魂の認識、認識の一つの入れ方として自己探求、自己認識があります。そこで自分の魂に出会い、自分をまず敬い、自分の魂に気づく。そうすると他の人も同じということになります。

◈世界の中にきみはいる

市川　さまざまな作品を拝見して感じたことなのですが、どうして大地を広大に描かれるのでしょうか。これは生きるための大地なのでしょうか。そして大地の中に、シンボルが自然に描かれている。

葉　ぼくは「世界」を知りたい、見たいと思う。そして世界を描きたいと思っているのですよ。広い空と大地が、かろうじてこの紙の上に表現できる広い世界です。そしてその中に命がある。われわれがいるのです。ぼくにとっては、「世界」が第一なんですよ。そして魂、そして肉体。存在というのは、この世ではすごく大切ですけれど、魂のレベルからいうとそれはちょっと小さくなります。その広大な世界の中に人間存在や命あるものがぽつんとあってこそ、ぼくの絵のバランスが取れるのです。

そこに一人、ぽつんと描いてあって寂しいというのではなくて、「世界」に包まれてる、というふうな気持になるからむしろ安心なのです。

市川　「世界に包まれてる」というメッセージですか？

葉　「世界の中にきみはいるよ」と言っているのです。家や木や、馬などで描いているけど、それらは絵を見ているあなたと世界との関係を表しています。われわれは、「世界」という大船に乗っているのです。これがなかったら、私はどこにいるのか、私はどうなってるのか分からない。これでどこにいるか自分の位置付けがはっきり分かります。

市川　逆に、何もシンボルも置かずにまったく大地だけという絵がありました。これはインパクトが強かったですね。

葉　実は、インド・東洋の感覚・表現では、「空」

「無」が最高のものなのです。全ては「空」や「無」から生まれます。旧約聖書でも「空」「無」がまずあって、その中で「はじめに言葉ありき」「光あれ」となっています。

絵が「空」「無」に近づけば近づくほど、それを表現できればできるほど、人にインパクトを与えます。描かれているものの数が多くなればなるほどエネルギーは弱まっていく。ですから大自然は、人間が手を着けてないという意味では「空漠たる砂漠」かもしれません。だけど砂漠や大空を見るとぼくは音が聞こえる。そこに家が建ったり、だんだん変わってくると、こんどは人間の喧騒だけが聞こえてくる。このほうが空虚ですよ。だけれど、引き算で何もなくなっていくと、「空」や「無」のエネルギーが増してきます。

市川　私が絵に近づいているのか、絵が私に近づいてくるのか、いずれにしても迫力がありました。

葉　それは絵が自分の心の中に入っているのです。物質的には単にキャンバスに油絵具を塗ったものです。ところがご覧になったものは、意識のレベルに飛んで行ったのです。意識の世界では前も後ろも関係ないですからね。まさにその境地そのものになる。瞑想、座禅は、実はそういう境地に意識が行って、そして帰ってくると自分の魂の栄養補給になるのです。とにかく自分の現世意識から離れるとエネルギーがいただける。空を見上げるとか、一瞬われを忘れるとか、忘我とかということは、実はこの世でないところに意識が行って、エネルギーを補給してくるというようなことなのですよ。

ですからぼくの絵の気持ち良さの所以は、色もあるしシチュエーションもあるけれど、何もない。だけど何もないからこそ自分の精神の深いところに入れる。入って、「これは何だろう」と思う。

◆二つの問いを受け止める

市川　絵本『オレンジいろのペンギン』は、周りのペンギンと違うオレンジ色をしたペンギンが生きていく上で経験した悩みや葛藤、そして喜びや確信を描いた本でした。私にとって、原点に戻るというか、読むものにすごく勇気を与えてくれました。子どものペンギン、ジェイムスが発する「なぜぼくだけオレンジ色なんですか」という問いの意味について伺います。

葉　人間には二つの問いがあるんですよ。原因を追求したい、訳を知りたい。そして原因が分かれば直せるんじゃないかということが一つ。もう一つは、どうしてそうなったかではなくて、このことの意味を知りたいということがあるんですよ。実はそのほうがぼくは重要だと思っています。

新約聖書にも、「この者が生まれつき目が見えないのはどうしてですか」とイエスに尋ねたら、「神の御心があらわれたんだ」と言われる。その訳を知りたいのにそんな答ではと思うじゃないですか。それはね、意味のほうを見なさいと言っているのです。その表れた姿から何かを自分でも学ばなければいけないですよね。

染色体異常の疾患であるダウン症は、イギリスの眼科医・ダウン氏が発見したことからダウン症という名前がついていますが、ぼくは実は病気や異常ではないのではないかとも思うわけです。彼らのいろいろな特徴はハンディキャップとして受け止められているけれど、彼らは彼らとして正常であって、みんな同じに全てならなくてもいいのではないのか。われわれの側が接し方が分からなかっただけかもしれません。ダウン症をもったお母さんたちの手記には、「この子がいちばん可愛いい。育てて良かった。おかげですごく自分が人間的に成長できる」という人も多いのですよ。

ぼくは「人間とは何ぞや」の中に、どこからどう来たのという問いが含まれていると思うのですが、霊的な世界があって、そして両親を選ぶ。そしてその両親のところに生まれるというう肉体形質を貰うと考えています。そしてどういう人生になるか。現世で自分の学びたいこと、体験したいこと、あるいは役割を果たすということが最初にあったという見方と考え方が当り前になれば、「どうしてこんなふうに」というネガティブな問いにエネルギーと心配を使っていたことが、ポジティブに変化します。意味を知って「よし」という勇気をもてるようになると思うのですよ。

市川　その子も光輝いているのだから、その光を見失わないこと、そのためにいっしょに育つのだと。育てるのではなくて、いっしょに育っていくのだということをおっしゃっていますね。

葉　この『オレンジ色』は全ての人にあるのですよね。背格好から目や髪の色、あるいは心身の違いのようなことです。それには訳がある。そしてその人の存在によって周りが学び、気づく。そしてその人自体がそれにチャレンジをしている。全ての人にその存在の意味がある。そして何らかの役に立つ存在だということを知ってもらえばと思ったのです。

◆今日一日があったことの喜び

市川　社会福祉従事者は、かなりギリギリのところで日々仕事に追われています。スーパービジョンを行い、「すべてが解決すると思わないで。完全ではなく、最善を目指して、むしろ寄り添うこと、継続的に関わることが大切です」と言うと、ワーカーの表情がスーッと和らぐのですね。最後に、実際に困難な課題と取り組んでいるワーカーにメッセージを贈っていただきたいと思います。

葉　みなとても真面目だから、きちんとしなきゃいけない、効果を発揮しなきゃいけないと考えるのですが、それだけではなくて、「今日一日いっしょに過ごしたね」と、それだけでもいいということですよ。今日顔を会わせた、まずオーケーと。何をどのくらいできたか分からないけど、今日一日があった。レベルを高めたりということもあるのだけれど、完璧主義でなくていいということですね。

そうやって人のお世話をできることを慶びましょう。世話することも慶びだし、世話されることも慶びなんだと。愛が幾重にもなり、まさに愛の交流です。もちろん、その人ができる限りでいいですよ。それが人間的、ということです。

市川　今日、私は葉さんとのお話しを通して、いくつも大切な指摘を得ました。その一つは、人の存在自体が愛されていること。とかくどうしてこうなったのだと理由を探すことに躍起になる。しかし、医学的な、社会的な理由は見つかるかもしれないけれども、今の自分自身の存在の意味を理解することには行き着かない。その存在が尊いという原点に立ち返ることができました。また二つ目は、自分を見つめあなたらしく生きることの意味。一人ひとりに人生があり、意味があることを強調されています。「あなたらしくいることが、そのまま個性です。そのためには誰よりもあなた自身がそれをよく知っていることが大切だ」という言葉を大切にしたいと思います。また三つ目は、内面の大切さを葉さんは強調されている。それは目に見えないものです。だからこそ、目に見えないものを感じ取るために、その意味をたえず学んでいく。すぐには答えを得ることができないけれど、ただひたすら追い求めていく。そこに本当の豊かさが見えてくるのかもしれません。その意味で、社会福祉従事者は心の目をもつ必要があるのだと思います。今日は本当にありがとうございました。

（「ウオッチング２００４」『月刊福祉』全国社会福祉協議会、２００４年６月号、64～71頁）

コラム

人生に停年はない

老人は夢を見、若者は幻を見る

（ヨエル書　第3章第1節）

高齢期は「喪失の時代」であると言われる。加齢によって、身体の機能は低下する。愛する家族や親しかった友人を失う悲しみは増えるばかり。しかも仕事は定年を迎え、自分にふさわしい新たな役割を探さなければならない。なのに夢と幻、すなわち明日への希望を持つことができるだろうか。頭を抱えて、明日への歩みを止めてしまう自分が見える。だが、「老いの坂をのぼりゆき、かしらの雪つもるとも、かわらぬわが愛におり、やすけくあれ、わが民よ」（讃美歌　第1編284番4節）と讃美歌にあるように、山の頂きに向かって歩み続ける兄弟姉妹がおられる。感動する心と希望をもって、明日に向かって今を生きる方々の歩みに私は勇気づけられる。

誰にも将来を見通すことはできない。過去の後悔に押しつぶされそうになる。しかし、神の愛のまなざしを心にとめ、日々祈りつつ今を生きることによって、過去の事実は変わらなくとも、過去の意味が変わっていく感動を、神はたえず私たちに与えてくださる。だから見通せない将来に向かって、日々の歩みをとめてはならない。

そして、最後の時、支えてくれた家族や人びとに感謝することができたなら、それはもっともすばらしい証し。感謝する人の命が光る。看取る人びとの思いがその人の命を通して光る。その人を支えてきた神の愛が、その人の人生を通して光り続ける。神の愛は、とどまることなく最後まで私たちに注がれている。

このような人生に停年はない。

（キリスト新聞　2006年12月9日）

4 「人と人とがつなぐ地域医療の可能性」

医師◆スマナ・バルア

◆「村の医師」になるという志

市川 スマナ・バルアさんはバングラデシュご出身の医師であり、現在フィリピン・マニラのWHO西太平洋地域事務所にてハンセン病担当医務官としてアジア各国を訪問しながら、地域医療の推進に取り組んでいらっしゃいます。本日は、バルアさんが志した「地域（村）のなかの医師」になるまでの道のりや、学ばれたフィリピン国立大学医学部レイテ校における地域を中心とした医療教育制度について、また地域医療を進めるためのご助言など幅広くお話をうかがいたいと思います。

さて、現代の日本社会は巨大な都市を中心とした消費社会であり、人々は心まで消費してしまい、大切なものを見失っている状況にあると私は感じております。その結果、今まで想像もできなかった問題や犯罪が生じています。また、物質的には豊かでも精神的には貧しく、他者との交流も希薄であり、自身のアイデンティティや将来の夢や志をもてない若者が増えていると思います。生きていることへの現実感、手応え、そして幸福感、さらに生きていくことへの希望をもてない人々が増えているのではないでしょうか。この状況をどうお考えになりますか。

バルア 確かに日本の大学の医学部で教えていると多くの学生が強い志やきっかけがないままに「成績が優秀だから」「周囲が勧めるから」

（すまな・ばるあ）1955年バングラデシュ生まれ。1976年に初来日。1979年にフィリピン国立大学レイテ校に入学し、助産師、看護師、医師の資格を取得。1989年から故郷の医科大学で教えながら地域医療に従事、地元NGOの保健医療コーディネーターとしても活動する。1993年に再来日。日本各地の医学部や看護大学、小・中学校、国内外のNGOで講演活動を続け、1999年に東京大学医学部大学院国際保健計画学教室にて医学博士号を取得。現在、マニラのWHO西太平洋地域事務所医務官を務める。

写真撮影◆藤田政明

という理由で漠然と医学部に進学し、そのまま医師になっていることを感じます。

私は医師を志すに至る最初のきっかけとなった「ぶつかり」が、子ども時代にありました。当時は電気も水道も整備されていないバングラデシュの小さな村に住んでおり、村には医師はもちろん看護師も助産師もいませんでした。ある朝小学校へ行く途中、母と姉が泣きながら近所の家から出てきました。どうしたのか尋ねたところ、その時は理由を教えてくれませんでしたが、後になってよく私の家の手伝いをしてくれていた近所のおばさんがお産で亡くなったことを知りました。その事実を知った時に、私は泣きながら「大きくなったら医師になってこの村に戻り、村の医師になろう」と強く思いました。

市川　バルアさんが信念としていることは何ですか。

バルア　バングラデシュの仏教は南方仏教であり、生者の苦しみを解き放つ教えです。私は少年の頃、出家者であり南方仏教の指導者である叔父の「苦しむ人に寄り添いなさい。できることから取り組みなさい」という考えに従い、地域の孤児たちの体を洗いました。父は衣類のない子どもがいると、「お前の服を一着差し上げなさい」と言っていました。「いのち」はレントゲンには写りません。父や叔父の教えから、こうした医師にとって大切な「体を診て、心を診る」という見方を学びました。

市川　まさに苦しむ人と共に生きていくという意思、自分だけの贅沢を追い求めるのではなく、必要なもの、必要なことを分け合うという生き方を親や親戚から学んだのですね。バルアさんの生き方の原点を見た気がします。医師となる前に、一人の人間としての生き方を学んだ。そしてそれが信条となって、医師としての生き方を支えている。

　さて、日本における状況もよくご存じのバルア先生に、国際的視点から小さな村やへき地における医師不足についてお聞きしたいと思います。そして医師になろうとした決意を維持できたのですか。バルアさんの希望を受け入れる大学は見つかりましたか。

バルア　私は十代の頃から「村のなかの医師」になるにはどこの国のどの学校で学べばいいのかずっと考えていました。私の兄が国の奨学生として京都の大学に留学していたこともあり、20歳の時に貯金を充てて来日し、兄とあちらこちらの大学の医学部を訪ね歩きました。しかし日本の医学部の教育は先端化・専門化していたため、そこで学んだ技術や知識を、医療設備がなく、消耗品も手に入りにくい村では使えないことが分かりました。

　結局、日本の大学の医学部で学ぶことは諦めましたが、医師になるという夢は捨てませんでした。日本に滞在しながら、海外のさまざまな医療系の学校の学長宛に「私は村で働く医師になりたいのですが、こちらの大学にはそれに適したカリキュラムがありますか」という趣旨の手紙を書いて送り続けました。でも返事は1通もなく、自ら各学校を訪ねて調べるしかないと決めました。

当時日本語があまりできなかった私は、日本での生活費と大学探しの資金を稼ぐために建設現場などで働きました。まだ1970年代のことですから、いわば日本における「外国人労働者」のパイオニアとも言えますね。

◆「レイテ校」との出会い

バルア　3か月間必死で働いて貯金し、2、3週間、海外のさまざまな大学を訪ね歩き、授業カリキュラムや奨学金制度を調べるということを2年半やりました。そしてようやく、フィリピン国立大学医学部レイテ校を見つけたのです。レイテ島にある世界で最も小さな医学部のキャンパスです。この学校の教育制度に出会い、これこそが私の探していた学校だと確信しました。

その後、入学の費用を工面するためにさまざまな労働をしましたが、その時にはつらいものではなくなっていました。私には村の医師になるという確固たる志がありましたし、進むべき学校が見つかり、その夢に向かって真っすぐに進んでいたからです。そして日本での経験は、私にとって貴重な財産となっています。

市川　地域医療という自分の志に適した医学部を探してレイテ校に入学するまでに長い道のりと大変な努力があったのですね。苦労は報われましたか。

バルア　当時、バングラデシュの平均寿命は52歳でしたので、私は「40歳までに医師になって、残りの十数年を医師として村で働きたい」と思っていました。レイテ校に入学したのは23歳。その後、助産師、看護師のステップを経て、ようやく医師になったのは33歳の時です。50歳を超えた今、まだまだ元気に医師として働けていることをうれしく思います。

市川　バルアさんが学ばれたレイテ校の教育制度についてお話いただけますか。フィリピンの医師で、収入の良い国外で働くことを望む人も少なくないと聞いています。レイテ校は敢えてその課題に真っ正面から取り組んでいますね。

バルア　まず、1970年代当時のフィリピンは、国内で学んだ医師、看護師の70％以上が海外に出てしまうという状況にありました。これは国内より海外で働くほうが多くの収入を得られたからです。そのため国内で医師や看護師が育成されても、母国の医療にあまり還元されず、ましてや都市から離れた村にはまったく戻って来ませんでした。こうした実情を何とか食い止めるために、医学部だけでなく哲学や経済学など、国立大学のさまざまな学部の教授が集まり、対応策が練られました。その結果、村のなかから村人が信頼できる若者を村人の推薦によって選び出し、奨学金によって助産師、看護師、医師になるための教育を受けさせ、将来村に戻ってきてもらうシステムをつくることになったのです。

市川　例えば、推薦された若者が医療従事者になることを拒否した場合には、どうなるのですか。

バルア　そのような場合にも備え、村全体の人数に応じて数名の候補者を選ぶことにしています。日本の医療教育制度では、医学部に6年通って卒業しなければ何の資格も得られませんが、レイテ校では2年通えば助産師、さらに2年通えば看護師と、その都度村人の推薦を得た者がステップアップし、資格が取得できます。授業も1年時から患者と触れる実践的なカリキュラムで、血圧の測定方法や注射の打ち方などの技術を早期から身につけられます。日本の大学の医学部では、学生が実際に患者さんと接するのは6年間の教育課程の最後のほうですから、大きな違いですね。

市川　日本でもへき地と呼ばれる地域から都市

に来る医学生は大勢います。医療の高度化に対応する教育設備や教育環境は、都市の教育機関が優れているのかも知れません。また今の医療制度では、へき地に開業して、医師として生活することも自体が難しいという問題もあります。したがって、卒業後、10年以内にふるさとに戻る医師は非常に少ないですね。日本において医師が都市に集中する傾向が顕在化し、へき地医療はきわめて厳しい状況に置かれています。バルア先生に紹介頂いた佐久総合病院地域医療部地域ケア科医師・色平哲郎先生は、予防や栄養指導を含む日頃の健康への取り組みが進み、県民の疾病率の低さを誇り、実績の上でも地域医療の歴史を築いた長野県において、地域医療の崩壊の危機に直面していると指摘しています。しかしそこには医療を必要としながら、なかなか受けられない住民が現実に生活しているのです。まさに社会構造上の問題が深刻化しています。

バルア　ふるさとに戻っても収入にならないこともありますが、それ以上に日本の医学部の基本的な教育・訓練制度が病院内だけでの医療を中心としているという背景があります。つまり、地域を基盤とした考え方ではないのです。特に日本は、これから深刻な高齢社会になりますので、地域を中心にした高齢者ケアシステムが、医療・福祉双方の立場から切実に求められてくると思います。

◆村の中からこそ学ぶ

市川　バルアさんはＷＨＯ西太平洋地域事務所ハンセン病担当医務官としてどのような職務に従事されているのでしょうか。

バルア　主に私の所属する事務所が管轄する西太平洋のアジア各国を毎月訪問します。主要都市から離れた各地域に出向いて数日間滞在し、村の人々にハンセン病に対する予防教育や罹患者への治療活動を行っています。これまでハンセン病はとても恐い病気と思われていましたが、現在は有効な薬も開発され、治る病気となりました。早期発見、早期治療によって、結核やＨＩＶウィルスよりも短期間で治癒するのです。そうしたハンセン病に対する理解や知識の普及も大切な仕事です。おかげでこの10年間で患者数は激減しました。

市川　バルアさんは論文や講演などで、「とにかく村に行け、村のなかからこそ学ぶべきだ」と繰り返されていますね。

バルア　文明が進むにつれて、世界中で地域における人と人とのつながりが希薄化していきましたが、現代でもカンボジアやベトナムの奥地に行くと昔ながらの村社会は残っています。そこでは家族だけでなく、村全体で限られたものをみんなで分かち合う精神、いわば「シェアリングスピリッツ」が今なお残っているのです。例えば各世帯が食事の時は、自分たち家族の分とは別にもう一人分お米をとっておく。それを村で集めて孤児院の食事を賄うなど、分かち合うことが当たり前になっているのです。

市川　世界の富が集中しており、経済のグローバル化によって経済効率・物質重視の社会になっています。確かに都市では物質的に豊かな生活をしている。しかし村の考え方は、私たち都市生活者が最も失ってしまった部分であり、最も学ぶべき思想だと思います。限られているからこそ分かち合う——。奪い合って争うよりも、分かち合うことで得られる幸福をバルアさんが活動する地域から学ぶことができます。

バルア　以前、ベトナムのある村に行った時に、ある老人がハンセン病を患い、薬をもらいに来ました。その方はかなり治療が遅れているうえに、片足がなく、右目も失明していたのです。それでもとても生き生きとしていて、穏やかで幸福な顔をしていました。私はその老人といろいろな話をするなかで、以前地雷によって一緒に畑仕事をしていた妻と息子一人を失い、ご自身も片足を失ったことを知りました。その後、村人たちがその老人に木で手作りの義足をつくり、結局病院には行かずに、再び残された息子とともに畑仕事を続けてきたそうです。しかしまたも地雷によって右目を失ってしまいます。そして今、ハンセン病になっているのです。

こうしてつらいことの多い人生なのに、「今、生きていることが幸せだ」と言います。その理由を尋ねたところ、「だって、分かち合いの世界だから」と答えたのです。老人と息子は、村人たちがつくった義足をつけ、収穫した米のうち自分たちが食べていくのに必要な分以外を、村のより貧しい人たちに分け与えていました。その話を聞いた時は感動を通り越して、ただもう胸が詰まる思いでした。特に苦労もせず、何不自由のない生活を送っていても生きることの喜びを感じられない人がいる一方で、こうした人がいたのです。

◆人材を育成し、仲間を増やす

市川　バルアさんがおっしゃることは、生活の豊かさとは何か、生き方を支える価値そのものを考えさせられる事実だと思います。だから日本の多くの医学生が現地を訪問し、学んでいくのだと思います。なおバルアさんは講演や論文で、中国の偉大な教育者・晏陽初《あんようしょ》氏の詩を常々紹介していますが、これはご自身の行動の理念に近いものなのでしょうか。

バルア　「人々のなかへ行き、人々とともに住み、人々を愛し、人々から学びなさい。人々が知っていることから始め、人々が持っているものの上に築きなさい。しかし、本当に優れた指導者が仕事をした時は、その仕事が完成した時、人々はこう言うでしょう。我々がこれをやったのだと」――。私はいつもこの言葉を自分のミッションにして、仕事をしています。

市川　これは国際協力（ＯＤＡ）で援助側が最

も注意すべき点を鋭く突いていると思います。

バルア　おっしゃる通りです。例えば外からある村に援助者がきて立派な建物を建てたとしても、その技術を村に伝えていかなければ再び国際協力に頼らざるを得ません。そうではなく、村のなかにあるものを有効に使い、指導者や援助者がいなくなった後もその活動を村人たちが自力で維持できるよう村人たちを教育すること、人材を育成することが大切なのです。援助者側が何でもやってしまうようでは、村人はかえってそのことに依存してしまいます。「自分たちで村をよくしていく」という強い意識を村人自身にもってもらうことが、支援の第一歩なのです。

市川　これまで日本が行ってきた国際協力は、ともすれば物質的なものになりがちだったと私は思っています。現地で働かれてどうお考えですか。

バルア　これまでの日本の国際協力は「金・機械・車」の頭文字をとって、「カキク」の国際協力でした。しかしこの10年でアジア各国の科学技術が目覚ましく発展したおかげで、高価な日本の車や機械は以前のように売れなくなりました。バブルの頃とは違い、お金もなくなったために、もうこの「カキク」は続きません。これからは「ケコ」の国際協力が求められると思うのです。「ケ」は心身ともに健康・健全なこと、「コ」は志・心・子どもを意味します。健康で健全な志・心をもった子どもたちを育てていく活動への貢献が、日本が行うべき国際協力です。建物の建設と比べてものすごく時間のかかる仕事ですが、実行して欲しいです。

市川　先ほどの「詩」は地域医療を進めるうえでも当てはまりますね。私は今までのバルアさんの活動と、それに共感し連帯する人々を見て人間の心の深いところにおける「協働」を考えます。誰も傷つけるために生きていない。しかし、傷つけられることを恐れて相手を排除する。

でもバルアさんの仲間たちは安心して連帯している。それは本当に大切な一人の人間として生きていくことの連帯だと思います。

バルア　一人の医師が村に設備の整った病院を建てても、「採算があわない」「一人では大変すぎる」という理由でその医師がいなくなってしまったら、村人は何もすることができず、すべてが無駄になります。医師はまず建物から外に出て、病気に対する知識や理解、予防策などを村人に教えて回らなければなりません。そして同じ志をもつ仲間を少しずつ育て、増やしていくのです。

私はレイテ校で学んだ後、子どもの頃に誓った通り、故郷のバングラデシュの村に帰り、4年間必死で働きました。でも睡眠2〜3時間の日々が続き、地域医療は一人でできるものではないと実感したのです。そして私の村と同じ、医療従事者のいない地域は世界中のあちらこちらに今もあるという現状も知り、「仲間を増やさなければ」と強く感じました。

ですから私の仕事には仲間を増やす、人材を育成する任務も大きな割合を占めています。そのため学生や若い医師と交流したり、勉強会を開いたりしています。これはお金にならない出ていくばかりの仕事ですが、時間が経つと「お金で買えないもの」として戻ってきます。こうして増えた仲間が、現在世界各国で地域医療に取り組み、新たな試みにチャレンジしている。そういう状況にあることは本当にうれしいし、幸福ですね。

◆超高齢社会へ向けて

市川　地域医療を進めていくにあたっての医療・保健・福祉の連携については、バルアさんはどのようにお考えですか。

バルア　日本の医学・看護教育では主に「テクニカルスキル」（技術）を学びます。レントゲン写真の撮り方、血圧の測定方法などを学び、得た数値によって薬を出すといった治療をします。でも、血圧にもレントゲン写真にも写らない部分、数値では表せない部分が、人間にはあるわけです。その患者さんが、例えば仕事で悩んでいる、家族とうまくいっていないといったことはレントゲン写真で分かりません。ただ薬を処方するのではなく、「なぜ頭が痛いのか」「なぜ、血圧が高いのか」、そこまでをくみ取る姿勢が大切です。さらに、医療ケアがカバーしきれない部分を福祉の方々がくみ取っていくことが大切なのです。

市川　高齢者と向き合ってじっくりと話を聞くこと、一緒に何かをすることなど、交流するだけでも心のケアになりますね。

バルア　特に今の日本の若い医師や医大生は高齢者の患者と楽しく会話をすることができないことを感じます。核家族であったり、同居していても祖父母とあまり交流がなかったために何を話していいのか分からないのでしょう。私は日本の高校生に対して月に4、5回ある週末のうち1回は高齢者の方と一緒に過ごすようにと言っています。おじいさん、おばあさんが暮らす家に花を持って行ったり、料理を作ってあげるなど、若いうちから日常的に接することで、少しでも地域の高齢者を自分たちが守り、いたわることができるのではないでしょうか。

市川　今日はバルアさんのお働きを通してたくさんのことを学びました。一つは、いつも困難に直面している人々の姿を思い浮かべながら、自分がなすべきことを考えておられること。二つ目は、ご自分が幼い時から父や叔父さんなどから教えてもらっていた信念を大切に、医師である前に一人の人間であることを大切にしておられること。だからこそ相手のことを理解することができる。大切なことを見失わない。三つ目は、人への信頼。いま直面している事実に対して、たくさんの方々と一緒に取り組もうとしておられる。一緒に歩む人々への信頼は、確信と強い絆を生み出していると思っています。

さて、いま日本において、困難に直面する人を支え、支援し、課題を共に解決していくという働きに対して十分な理解が得られていない。むしろ福祉の働きに携わろうとする若者や人材が減っています。でも、多くの人々が情熱を持って働いています。最後に日本の福祉関係者にメッセージをいただけますか。

バルア　福祉施設で働くスタッフの方々を見るたびに、いつも利用者に笑顔で接し続けている皆さんに感服し、頭が下がる思いです。スタッフと利用者は昔からの知り合いではないケースが多いと思います。今後はレイテ校の教育システムのように、地域が福祉に志のある若者を支援し、その若者が将来自分を育んでくれた地域の人たちを支えていけるようになることを期待しています。

市川　やはり福祉も地域を中心にして実践してこそ意味がある。繰り返しになりますが、バルアさんのお話から医療や福祉が一人の人間の生活、人生に寄り添って成り立つものであることを改めて実感しました。また医師を目指していた頃のお話では、生きていくうえで志をもつことの大切さ、そのきっかけとなることを真摯に受け止め、そこから自力で人生を切り開いていくことの素晴らしさをバルアさんは教えてくださいました。一人の人間の人生がこんなにも重く、可能性に満ちていることに気づきました。本日は、私たちにとって福祉の原点を確認できる貴重なお話をいただき、ありがとうございました。

（「ウォッチング２００７」『月刊福祉』全国社会福祉協議会、２００７年８月号、44～49頁）

5「地域福祉の担い手を育てる」

横浜ＹＭＣＡ総主事◆山根誠之

◆他者との関わりと子どもの居場所

山根　21世紀に入って6年が経ちました。20世紀の反省に立ち、人間がもっと心豊かに生きられる社会を期待して新しい世紀を迎えたわけですが、9・11をはじめとした争いの問題、またそこから出てくるグローバルなスタンダードが、必ずしもいい影響を与えていません。日本ではそれが子どもや高齢者というところに極端な現象で現れてきている印象を持っています。

とくに子どもの問題については、学校でのいじめや自殺の問題、児童の虐待、親が子どもを、子どもが親を殺すという事件も多く報道され、子どもたちが不安な状況に置かれている現象が多く目立ちますが、こうした状況をどのようにとらえていらっしゃいますか。

市川　１９９０年代から科学の進歩は著しく、グローバルな中で高度な経済優先社会が生まれましたが、それに人間がついていけない。つまり、人間を軸にした議論ではなくて、むしろ経済や情報やテクニカルな部分を重視した結果、人間の姿が見えなくなり、そこに孤立、孤独が広がったと私は思っています。

とくに他者との関わりが切れ、安心できる場所を求めてさ迷う子どもたちの存在を無視することはできません。最近、大都市では子どもたちが夜遅くから繁華街に集まってくる現象がありま す。それは子どもたちが安らぎを求め、心の

（やまね・せいし）1964年熊本YMCAに入職し、その後日本YMCA同盟を経て、1981年から4年間、横浜YMCA本部事務局長として創立100周年記念事業をはじめ国際協力活動の推進、組織改革などに取組んだ。その後、熊本YMCAに移籍し、1993年から1999年3月まで総主事を務めた。1999年4月から横浜YMCA総主事に就任し、豊かなキャリアと指導力を生かして横浜YMCAの経営基盤の構築をはじめ地域に根ざした活動に取組んできた。2008年3月に勇退し、4月から横浜YMCA顧問に就任し、125年史の編纂などにあたっている。

傷を癒し、寂しさと不安を紛らわす行動だと考えています。本来、家族や地域が彼らの居場所のはずなのですが、家族の意味やあり方が問われないまま社会が大きく変わりました。いま、家族、地域とは何なのか、もう一度考えていかなければならないと思っています。また虐待の背景には、虐待された経験を持つ親たちがいます。多くの親たち自身もどう子どもを育てていったらいいか不安に思っているのではないでしょうか。私たちの子育てを振り返ってみると、まわりに誰かがいつも付き添ってくれていました。狭い空間の中で子どもを育てるのではなく、そうした関わりの中で子どもたちも育ってきましたから、私たちは比較的安定していたのです。教会にいる同年齢の友人たち、近所の友人たち、そして私たちの両親がいました。しかし、今は関わり自体が閉ざされ、切れてきています。

山根　私も子どものころを振り返ってみますと、親も働いていましたから、家のまわりの大人が面倒をみてくれたり、また子どもたち同志でよく遊んだり、時には助けられたりしていました。そういう意味で、今の子どもたちがどこを拠り所にするかということは大事な点ですね。

市川　社会や地域のいろいろな関わりを通して、人とのつきあい方、生活の営み、これからの夢や希望、生き方を学び、育っていく機会が減っているのではないでしょうか。構造改革は経済、効率優先でいろいろなものを切り捨てました。その中には大切なものもたくさんあったと思います。なかでも、子どもたちが歩んでいく選択肢を狭めたのですね。その結果、ニートの問題が現れ、将来への不安を持つ青少年が多くなり、仕事の中で自己実現し、それを生涯誇りにして生きていくチャンスを減らしました。日々に祈りをもって土地を耕し、感謝をもって明日を迎える。自らの努力によって習得した技術と知識をもって作品をつくりあげ、生産していく場が狭められました。

そこで今、彼らが育って行く場をつくって、支援していくことがとても大事だと思います。

◆選びとっていく機会を提供する

山根　経済原則からいえば、働く人が足りないということで働く保護者の方も多くなってきて、そのための子育て支援の制度も整備されてきました。でもよく考えてみると、一方で親と子が接触する時間は少なくなっているわけで、子育ての大切な時期にもっと子どもと過ごすことができるような外からの仕組みも必要ではないかと思います。

市川　2、3歳の子どもは親離れをしようとするとき、必ず後ろを見て、帰っていく場があることを見ているわけです。ですから、戻ってきた時に、親がもっと抱きしめ、もっと愛情を注いであげることが大切だと思います。そして、子どもや親が育っていく多様な機会を提供することがＹＭＣＡに期待することの一つです。愛されて生まれてきたこと、みんなから愛されて育てられているのだということを、子どもたちに伝えて欲しいと思います。

山根　まずは「その子がかけがえのない命である」ということを私たちが思い、子どもたち自身も気付いていくことが大切なのでしょうね。「しっかりと愛された子どもは人を愛することができる」と言いますが、経済原則等である限界を持ちながら子どもと関わっていくとしたら、基本的な愛というものは受け止められないということになるのだと思います。

市川　高度経済成長期は「バスに乗り遅れるな」ということで、皆一途に走ってきたわけですが、乗り遅れた人たちが排除されてきたことは否定できません。個性とは何か、一人ひとりの子どもにふさわしいものは何かを考えないで、ほかの子どもたちと比較し、横軸で育てると、その子らしい生き方を見失ってしまいます。私はその子らしさや強みを大切にした縦軸の育て方がとても大事で、子どもたち自身が選んで育っていける多様な場を提供していくことが大切だと思います。そして何でもするのではなくて、「できることでも、すべきでないことはしない」ということを尊重したいと思っています。

山根　その「しない」という価値判断の基準はどのようにしたらいいのでしょうか。

市川　それは人間理解です。人を大切にする、博愛もそうですが、私たちが拠って立つところは「共生」です。そして私たち自身の自己実現が認められているということです。

私は18歳の時に教会のボランティア活動に参加し、糸賀一雄さんの書かれた『福祉の思想』という本に出会いました。そこでは二つのことが書かれていました。一つは、発達保障という考え方です。その子はその子なりの発達があり、それを保障していくということ。そしてもう一つは、「この子らに愛の光を」ではなく「この子らを世の光に」という思想です。この子らが生きていくことができる社会こそ、私たちが目指す社会であるとの主張です。この出会いを通して、私はキリスト教会に通うようになりましたが、人に対する理解、思いやりを大きな価値として示してくれるのが、まさにボランティアの原点であると思います。

山根　私も学生時代にさまざまな障害のある人のキャンプに、かわいそうだとか、何とかしてあげたいと思い参加しましたが、聖書の中に、目の見えない人についいて民衆がイエスに「だれが悪いんだ」と質問した時に、「誰の罪でなく、神様の栄光が表れるためである」と言われた言葉と出会い、私たちはこうあるべきだということに気付かされてYMCAに献身しようと思いました。まさにそういう意味では、一人ひとりに与えられた神様の賜物をどう生かすかということが自己実現につながっていくのだと思いますし、そういう場面をYMCAの中でも作っていきたいですね。

市川　ボランティアというと、何かを「してあげる」という側面がありましたが、いまは「共に歩む」という意識が強くなってきましたね。それはボランティア活動によって学ぶ機会を与えられるからです。例えば、ひきこもりの子どもが夏のチャレンジ・ボランティア活動に参加し、お年寄りや障害のある人たちに関わることによって、自ら生きる術を教わりました。そして自分は生きていていい、歩める場があるということを自覚して、ひきこもっていた部屋から一歩出たという事例もあります。その子はいま老人ホームでケアワーカーとして働いているそうです。

山根　YMCAの水泳教室に来ている小学生が、YMCAの街頭募金に参加したことをきっかけに途上国のことを勉強して、そのことをスピーチコンテストで発表して横浜市の市長賞を受賞しました。たまたま働きかけられて募金に行ったことが、自分はどうして生きているのか、自分がこれからどうしていったらいいのかということに気付かされたということをスピーチにまとめました。水泳や体操をはじめ、ＹＭＣＡに来ている多くの子どもたちにもこうしたいろいろな機会を与えていきたいと思います。

◆団塊の世代と高齢者

山根　ところで、高齢社会に突入している日本では、今年から団塊の世代が一気に定年を迎えて退職をします。これまでがむしゃらに働いてきた人たちが、これからどう生きようかとするときに、「ボランティアをやってみたい」という声が多く聞かれ、無限のエネルギーが町の中に広がっていくような感じがします。これからの高齢社会の中で、どのようにしたらその人たちの力を生かすことができるのでしょうか。

市川　その方たちの強みは何でしょう。専門的能力を持っていらっしゃる方がたくさんおられると思いますが、その活用方法が地域の中にいろいろとあると思います。例えば、教員をリタイアした人、コンピューターの技術を持った人が学校ボランティアとして子どもたちに関わっていくことができると思います。また、いま「まちづくり」がとても重要です。コミュニティが壊れ、「シャッター街」も多い。そこで社会経験のある人たちがそれぞれの技術をもって、「まちおこし」をするＮＰＯを作り、「まちづくり」を推進していくことができるように、ＹＭＣＡやボランティアセンターなどが情報を提供していただきたい。ボランティアを求めている人とボランティアをしたい人との「マッチング」をしていただきたい。そうすればたくさんの方が、それぞれの持っている能力を生かして社会を変えていけると思います。

山根　今の時代、「民の力」ということが言われてきて、ＹＭＣＡにも定年退職されてボランティア活動をしている方がたくさんいますが、民でみんなでやるというほうが参加しやすいような気がしますね。「させられる」ではなく、自らが進んでやるという環境を私たちがどう作っていけるのかが課題だと思っています。

◆社会を変えていくスモールグループ

山根　ＹＭＣＡではいま「スモールグループ」といって、あの人のため、あのことのためにできることはないかという小さなグループをたくさんつくり、その活動を経験した人がコミュニティに帰っていって、またそこでスモールグループを作っていくという取り組みを進めています。

市川　それは大事な働きですね。コミュニティに必要なことは、第一に、コミュニティに所属する者同士の相互の関わり。第二に、関わりに対するアイデンティティ、愛着。第三に、それらを実現しやすい地理的な空間。第四に、互いを認め合うコンセンサスと一定の規範。第五に、コミュニティを支える宗教や祭りなどの文化の形成。第六に、人材や活動などの一定の地域資源の存在です。

地域活動の中でアイデンティティを持つ、自分の居場所を見つける。そういう活動が大切です。そういう小グループが関わることによって、さらに地域は活性化してくる。ＹＭＣＡの本来の姿を実現された取り組みだと思います。

山根　例えば、留学生に日本語のチューターをされるボランティアの方もいらっしゃいますが、そういうところから他者への関心、地域への関心が広がっていくわけですね。

市川　そのときに発想力、柔軟性、企画力をそれぞれのスモールグループが持っているといいですね。求められているニードは多様ですから、その多様性に応じて当然活動も広がってくると思います。それと地域の資源をどう生かすか。人間関係も資源ですし、「シャッター街」の一軒が使えるとすればこれも資源です。やりたいと思っている人、ネットワークも資源です。地域には、場所や活動、人間関係などの資源がたくさん埋まっている。「協働」する人がいるはずです。必要とされることを確認できれば、活動は発展し、広がっていきます。

山根　それこそ団塊の世代のみならず、高齢社会というのは70歳、80歳になっても、お年寄りが持っている賜物をどう生かすかということが、「生きがい」ということにつながってくるのでしょうね。

市川　仕事の定年は60歳か65歳かもしれませんが、この世に生のある限り人生の定年はないのですね。人生最後でもっとも素晴らしいボランティア活動は、自分が死の床に着いたときに、「私は幸せだった」と感謝の言葉を世話してくれたまわりの人に言うことだと思っています。そのためには介護者がすべて一人で背負い込まないよう、ご本人とともに家族を支える援助者が必要です。そのためにルーテル学院大学では人材を育成して、社会に送っています。

◆福祉に携わる若い人材の育成

山根　市川さんは長い間、福祉を目指す学生を育ててこられましたが学生たちにまず最初に伝えられていることはどのようなことでしょうか。

市川　基本的には「人間理解」を大切にしています。何のための、誰のための社会福祉なのかという基本的な価値論を持ち、知識と実践していく技術を組み合わせなければ、血の通った当事者が浮かび上がってこない。生活を支える社会福祉学科、心の痛みを理解する臨床心理学科、人間の存在を大切にするキリスト教学科が互いに補い合うことで「人間理解」が生まれてくる。コンピュータゲームで繰り返される人生は、空想の世界。だから、自分が選んだ結果に対して一切責任を負わない。また電源を切ればリセットが簡単にでき、今までの歩みのすべてを無にして再出発することができる。生きている実感がない。ですから学生たちには、共感する心を、命の大切さをフィールドで学んでもらいたいと思っています。

山根　高齢時代だから介護の仕事に就きたいという単純な発想で入学してくる学生も、実際に学びをはじめて現場に行き、実際に高齢者や障害のある方と接して、自らが教えられ、変えられていくということもあります。ＹＭＣＡでは大切な価値を伝えていこうということで、「思いやり」「誠実さ」「いのちや人を尊敬する」「市民として、個人として社会に対する責任」を言い続けてきています。いまの社会、価値観がないままに勉強し、エスカレーターに乗ろうという風潮がある中で、そのことの大切さを学生たちにも伝えています。

市川　各自の持っている持ち味や能力を活かし、育てる「キャパシティ・ビルディング」、共に歩み、協働して社会を築いていく「コラボレーション」（連帯・協働）、そして相手の身になり、同じ視点に立つという利用者主導――すなわち「クライエント・オリエンテッド」、生活の場である地域を基盤に活動を展開していくという「コミュニティ・ベースド」。これらの四つの「Ｃ」を横軸にし、縦軸にキリストをおく。この縦軸と横軸のクロスをミッションとしているのがキリスト教主義の学校であると思っています。ＹＭＣＡはそれを掲げて、必要とされるところ、求められているところにかけよっていただきたい。ＹＭＣＡの指導者でもいらした福田垂穂先生は、礼拝の説教中に倒れられました。その最後の言葉は、新約聖書ルカによる福音書10章25節から37節の「善いサマリア人」のたとえにある、倒れている旅人を見て「思わずそこにかけよって……」でした。先生が言い残された言葉の続きを、ＹＭＣＡに書いて頂きたいと思います。

山根　本日はありがとうございました。

（「心豊かな地域社会のために」『ＹＭＣＡ ＮＥＷＳ』横浜ＹＭＣＡ広報センター、２００７年1月）

第2章

明日の社会福祉への道

社会福祉の役割

社会福祉は、住民が生活をしていくことを支援する広範な役割を担っています。特に、社会のセーフティネット（最後の安全網）の仕組みが壊れ、生活上の問題が家族や地域生活を直撃し、たくさんの人々が家庭崩壊、孤立や貧困状態に陥りやすくなっている現在、社会福祉に期待される役割は大きくなっていると言えましょう。したがって、社会福祉は、従来の経済的支援にとどまらず、多様な役割を担っています。社会福祉従事者の数は、高齢者福祉・介護分野で157万人、障害者福祉分野で31万人、児童福祉分野で58万等で254万人になっています。仕事の範囲でも、児童福祉、障害者福祉、高齢者福祉、低所得者福祉、医療福祉、地域福祉という従来の領域とともに、教育、司法、産業等々に広がっています。

また、社会福祉は、従来の身体的介護を中心としたケアの考え方から、身体的ケアにとどまらず、困難に直面する人々の能力とサービスや機関等の資源を活用し、地域において自立した生活と、自己実現を目指した援助の考え方に重点が移されています。そのため、利用者を保護する対象として見るのではなく、一人の人間として理解し、生きていく誇りを大切に、その生活の仕方や、生き方についても、配慮することが求められています。

新しい社会福祉への転換が、どうして求められているのか。まず、高齢者が直面する生活課題について述べます。

人生を安心して全うすることは可能か？

老いの諸相

「〈老化〉と〈老い〉という二つの用語の間には区別が感知される。一つは生物学的概念であり、他は人間学的な概念である。具体的に言えば、〈老化〉というのは、加齢と共に身体的な諸器官とその機能に衰退現象が現れてくる、生物として避け難い必然的ともいえる事実を指す。これに対して、〈老い〉というのは、この事実を柔らかく表現するのにとどまるものではなく、この事実をその担い手である人間一人一人がどのようにして受け止めこれに対処しようとするのか、心の問題として、生き方と態度の問題として考えようとするものである。この両者には視座の相異は見逃しがたい。前者は生物学的もしくは社会学的な性格を主とする問題であるのに対し、後者は主体的、自分自身の生き方に関わる問題として自覚される。哲学的考察や宗教的な信仰が問われるのはここである。」（原義雄「死へのプロセスとしての老い」、日本基督教団宣教研究所編『老い・病・死』日本基督教団出版局、1993年、136頁）

日本の経済成長は目覚ましく、国民所得の増加は物質的な豊かさを生みだし、一人ひとりに分配される富を大きくしました。しかし同時に、従来の家庭の扶養・子育て機能は弱くなり、地域の助け合い関係が希薄化した結果、孤立・虐待・依存症の増加をもたらしたことも事実です。

自殺者は3万人以上の時代になりました。ちなみに自殺には世代間の違いがあり、青年期は「求めの自殺」、中年期は「沈黙の自殺」、高年期は「あきらめの自殺」と言われています。しかし、自殺に追い込まれる各世代に共通した要因には「うつ病」もしくは「うつ状態」があります。

その直接的な契機としては、第一に社会関係、家族関係、人間関係などの関係性の確執です。いま、それぞれが生きにくい社会になっています。

第二に、各ライフサイクル、とりわけ中高年期から高齢期への移行が困難になっているのです。従来の農業などに従事する割合は減少し、たくさんの人々が会社に勤めます。そして定年になると仕事を辞め、会社人間から地域人間への変更を迫られます。しかし、老いの準備をすることなく、高齢期に突入する場合のコンフリクトはきわめて大きく、たくさんの方が自分の高齢期をいかに生きるか、戸惑います。

第三に、高齢者を対象とするサービスの質・量とも今だに不十分であり、将来への不安を抱かせる高齢期は、人生の最終目標になり得ないことです。

明日が見えない閉塞感

2005年度「国民生活に関する世論調査」(内閣府が全国20歳以上1万人を対象に実施、

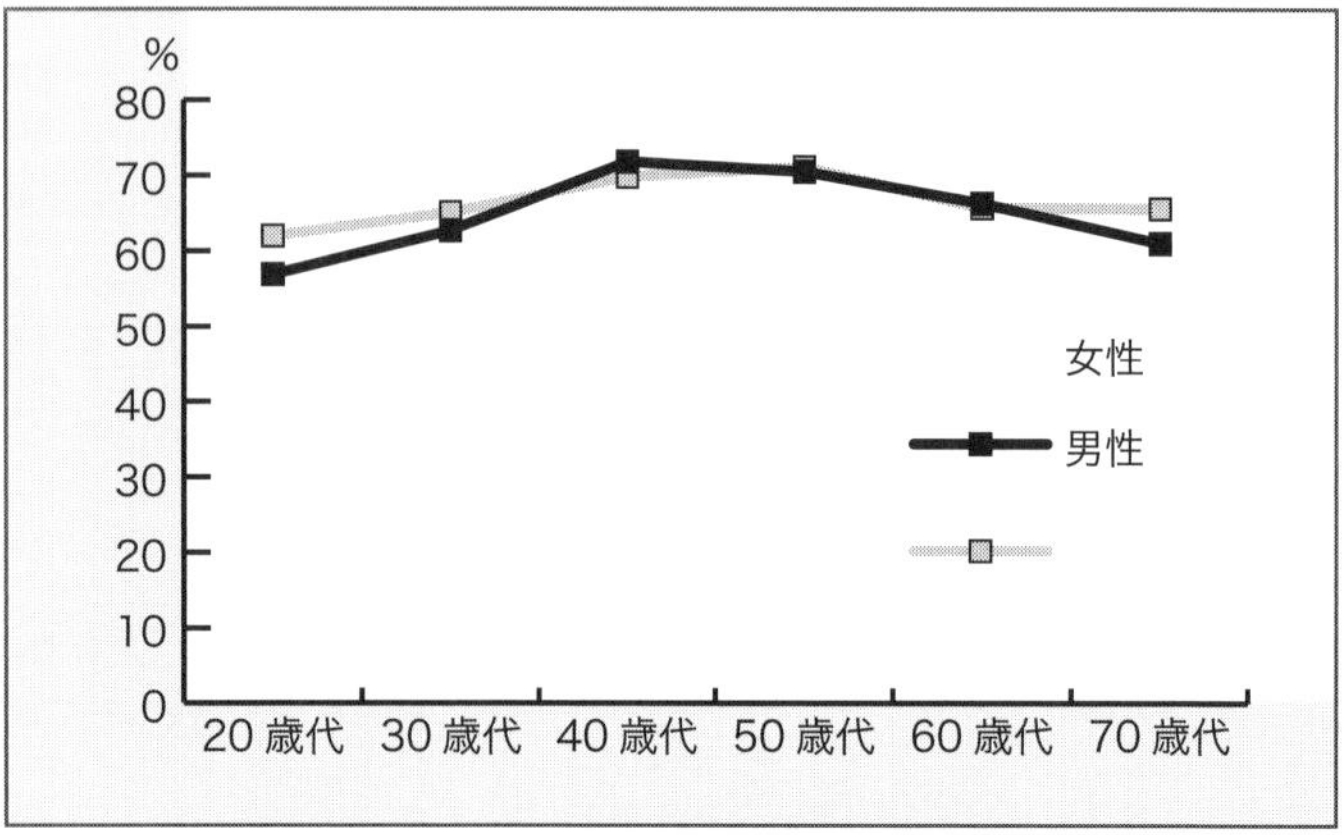

図１　日常生活での悩みや不安
（出典：2005年度国民生活に関する世論調査）

有効回収率約70％）によると、**図1**のように「悩みや不安を感じている」回答者は「40〜49歳」男性71・8％、女性69・8％、「50〜59歳」男性70・5％、女性71・1％、「60〜69歳」男性66・3％、女性65・7％、「70歳以上」男性61・0％、女性65・6％で、40〜59歳が山頂となっています。ちなみに、その理由が「自分の健康」との回答は70歳以上男性71・0％、女性76・8％に達するまで、加齢によって顕著に増加し、「家族の健康」という回答も、おおむね同様に推移します。しかし「老後の生活設計」については、「50〜59歳」男性63・7％、女性64・7％を頂点に富士山型を示しています。さらに、「今後の収入や資産の見通し」について悩みや不安を持つ年齢層の頂上が若年化し、「30〜39歳」男性55・8％、女性53・8％、「40〜49歳」男性54・8％、女性50・4％となっています。

また、１９９６年の「中高年齢層の高齢化問題に関する意識調査」（当時の総務庁が中高年齢層として全国の40～59歳の男女約1、２００人を対象に実施、有効回収率約70％）によると、自分が高齢期を迎える時の高齢社会のイメージは否定的意見が圧倒的に多いのです。「そう思う」「そう思わない」を各項目で比較すると、「経済的に豊かで、社会が活力に満ちている」が9・3％、83・0％、「高齢者の活動の場が多く、いきいきと暮らしている」15・6％、74・2％、「福祉が充実して、誰もが安心して暮らせるようになっている」11・0％、80・2％、「家族や地域社会が連帯を強め、交流の場が活発になっている」23・3％、63・8％、「住宅や生活環境が整備され、快適に住めるようになっている」25・6％、62・3％となっており、圧倒的に多くの中高年齢層の方が将来に対する不安をもっているという結果が示されています。

コンピュータや携帯電話の普及したインターネット社会において、直接見えない複数に対していくつもの違う自分を組み立てて伝える若者。友人や地域、社会との関わりに戸惑い、家に閉じこもり続ける若者等々――。確かに、子どもの姿が見えにくくなっていると多くの研究者や福祉・教育現場の人々が心配しています。しかし、振り返って、中高年、高齢者もライフサイクルに応じた課題を解決できず（まさに育ち続けられず）、将来が見えない閉塞感に覆われているのではないでしょうか。もしそうであるならば、社会全体が明日を見失っていることになります。

老いの途上におけるつまずき

警視庁の『平成16年中における自殺の概要資料』によると、1997年の自殺者数は24、391人でしたが、翌98年は32、863人と3万人を超え、2004年の32、326人に至るまで、3万人台を推移しています。これを年齢別に見ると、「60歳以上」が34・0％を占め、次いで50代の24・0％、40代の15・8％となっています。また、性別では男性が72％に達します。

自殺者数を3万人台に押し上げた理由は中高年齢男性の自殺者の増加であり、男性の自殺率を見ると50歳代が一つの山を形成し、前期高齢期に減少するも、後期高齢期に再度上昇に転ずる結果が示されています。なお、**表1**のように、自殺の理由は、60歳以上が「健康問題」とする割合が59・0％、「経済・生活問題」が20・9％、「家庭問題」が10・6％と続きます。これに対し50歳代では「経済・生活問題」が46・8％ともっとも多く、次いで「健康問題」の30・7％、「家庭問題」の8・1％となります。「金を失うと生活の危機、名誉を失うと心の危機、希望を失うと存在の危機」と言うならば、生活を支えていた収入を失い、自分の生活信条となっていた労働、地位、名誉を失い、不景気と年齢を理由として再出発の夢を断たれ、老後の不安に直面したとき、これらの理由が複合化し、高年齢期の自殺者数を押し上げたのです。

高橋祥友氏は、「①長期にわたる不況の影響。②中年危機の世代に不況が直撃した（この世

	20歳未満	20歳代	30歳代	40歳代	50歳代	60歳以上	合計
総数（人）	177	993	1,310	1,684	2,864	3,405	10,443
家庭問題（以下％）	11.9	9.6	11.5	8.9	8.1	10.6	9.7
健康問題	28.2	31.6	29.5	26.5	30.7	59.0	39.1
経済・生活問題	4.0	20.5	31.5	45.0	46.8	20.9	32.9
勤務問題	2.3	9.1	10.7	10.2	6.4	1.1	6.0
男女問題	8.5	11.8	7.0	2.1	1.3	0.5	3.0
学校問題	23.2	3.0	0.3	0	0	0	0.7
その他	16.9	7.8	6.1	5.0	4.3	5.9	5.7
不詳	5.1	6.6	3.4	2.2	2.5	1.9	2.9

表1　原因・動機別・年齢別自殺率
（出典：警察庁「平成16年中における自殺の概要資料」より遺書ありの合計）

代は人生においても、思春期とともに心の危機に陥る傾向が指摘されている。不況でなくとも、精神的に不安定な時期でもある）。③組織に自己を同一化させる最後の世代である（より若い世代では、不況下といえ、自ら離職する率は近年高まっているが、中高年では、不況による人員整理は、自己の存在を根底から揺らぐ体験となり得る）。④他の年代に比べて、精神的な問題について相談したり、精神科受診に対する抵抗が強い」と指摘しています。（高橋祥友「中年の危機と自殺予防」、岡本祐子編集『現代のエスプリ別冊　うつの時代シリーズ〈中年の光と影―うつを生き

る〉』至文堂、２００６年、１３４〜１３５頁）

また地域福祉の視点から見ますと、三位一体の「構造改革」は、日本全体に地殻変動を生み出したことは言うまでもありません。市町村合併は財政的な問題からやむを得ないとの主張もありますが、同時に進行する高齢化と過疎化によって、生活する拠点である多くの地域や集落の存続自体が危ぶまれています。そして培った地域生活や文化の継承が難しくなった結果、基盤となる価値自体が揺らぎ、天寿を全うする前に自らの命を絶つ中高年・高齢者が増えている事実があるのです。

都道府県の人口10万人当たりの自殺者数の上位10県は、秋田県、青森県、岩手県の北東北３県で、日本海に面して雪が多く天候は不安定な島根県、新潟県、そして宮崎県、山形県、高知県、和歌山県、佐賀県です。今日の構造改革においてメリットが得られず、また高齢化率の高い地域であり、今までのような最後の安全網（セーフティネット）が寸断されているのです。いざという時に頼りになった家族や近隣の結びつきが弱くなり、かつ行政や公共性の高い民間社会福祉の代表となる社会福祉法人や社会福祉協議会が生活を守る最後のゴールキーパーになっていないのなら、自分が安心しておられる居場所をどこに見い出せばよいのでしょうか。

老いを止めることはできません。老化による心身の機能の低下を緩やかにすることはできても、寿命をなくすことはできません。その事実を無視する社会に明日はないと思っています。愛着や信頼を置けないのですから……。このことは家庭の問題とも深く結びついています。

家庭は「居場所」になっているか

社会福祉計画を作成する際に、家庭が直面する生活課題が調査され、ニーズとして把握してきました。しかし、家庭の在り方について十分議論されてきたとは思えません。なぜなら家庭の形が多様になり、家庭を維持していくための基盤となる関係性、相互の役割、扶養・介護・経済生活・精神的安定などの機能の判断が各家庭に委ねられているからです。また、拡大し深刻化する生活課題への取り組みが急務であったため、家庭の意味、役割について十分な議論が置き去りにされたのではないでしょうか。そのことが抜本的な取り組みを妨げてきたのではないでしょうか。

その結果、依然として、いや今まで以上に家庭から多くの虐待、孤立、非行が生み出され続けているのです。さらに、多くの人々が心に孤独を抱き、自分の居場所を求めて地域社会をさ迷っています。今まさに家庭そのものの在り方が問われているのです。

実際に65歳以上の高齢者のいる世帯を見ると1、727万世帯（平成15年現在）で、全世帯の37・7％を占めています。その内訳は「単独世帯」が19・7％、「夫婦のみ世帯」が28・1％、「親と未婚の子のみ世帯」が15・8％、「三世代世帯」が24・1％となっています。今後、高齢者世帯の増加は顕著であり、とりわけ単独世帯と夫婦のみ世帯は急激に増加すると予想されています。

そもそも家庭とは、同居・別居に関わりなく、各家族員間の交互関係によって築かれる場であり、社会生活をおくる上での拠点であったはずです。互いにいがみ合うために生活を共にしているのではありません。各家族員が直面している課題に対して、各家族員の役割行動を軸に、家庭機能は変化し続けていくことが必要です。しかし現在の家庭の状況は、急激に多様化した各家族員の生活課題に対応し切れていません。家族間が交互関係ではなく、相互の一方通行になっている。例えば、家族の扶養能力を超えた介護ニーズ、サービス利用を妨げる世間体、夫婦間、親子間の不明確な役割分担、具体的に合意ができていない家庭のあり方等々、意識と実態が乖離し、相互に折り合いがついていないのです。

閉ざされた空間から生み出される介護地獄

2005年も、介護をめぐるさまざまな悲劇が繰り返されました。病院に入院しなければならない介護者と一緒にいることを強く望んだ認知症の配偶者と、介護者が焼却炉で焼身自殺し、数日後、役場に遺書が届くという悲劇がありました。二人の間には強い絆がありましたが、その絆が家庭にとどまり、困難に直面した時に頼りとする地域がなかったのです。日頃から住民同士の関わりはありましたが、子どものいない二人にとって、直面している生活課題を解決していく当事者は依然として二人のみだったのです。一緒にいるための解決方法は、唯一、心中しかなかったのかも知れません。これはあまりに悲しい。何としても社会が、地域が防がなければならない課題です。

介護保険以前の事例ですが、認知症の高齢者を介護する三世代家族の事例を通して、家族介護について考えてみたいと思います。

事例

《三世代世帯》……夫・85歳＝本人、妻・82歳＝主たる介護者、娘・60歳＝従たる介護者、娘の夫・60歳、孫二人。

《痴呆症状》……アルツハイマー型認知症。意思言語化ほとんど不可能、記憶障害など、高度認知症状態。しかし、喜怒哀楽感情あり。

《疾病状況》……すでに末期大腸ガンで肝臓にも転移。

《介護態勢》……入退院を繰り返す。入院中は、看護師などとの意思疎通が困難なので、介護者＝妻が24時間付き添う。看護の手が足りない上、認知症状をもっているため、検温、食事介助、排泄介助などを介護者＝妻が行うことが多く、心身疲労困憊。

在宅では、娘も協力してくれるので、介護をゆとりをもってできる。全面介助だが、本人の抵抗はなく、以前と比べて介護しやすくなった。ただ大柄な体格なので着替え、体位交換、おむつ交換、清拭などは妻と娘の二人がかりでやっても大変で、娘の夫や子どもたちの手を借りる。

介護意欲は旺盛で、長く在宅で介護していたので、最後まで在宅で看取りたいとの強い意思がある。特に医療面での不安が強かったが、医師の診療とアドバイスによってターミナル・ケアを行うための在宅でのケア計画が明確にされており、問題が生じた時の医療保健福祉従事者のバックアップが家族の介護意欲を支えている。また「呆け老人を抱える家族の会」（現在は、「認知症の人と家族の会」）の相談サービスを受け、会主催の懇談会に参加して同じ悩みをもつ者同士、もしくは介護の経験者が語り合ったことが心の支えになっている。

重度の認知症状を示す高齢者を介護する事例から、家族の介護力を支えた要因を整理し、以下に示します。それぞれは個別の記述になっていますが、相互に関係しているとご理解下さい。

①介護意欲が旺盛であること。
②妻が健康であったこと。
③妻の介護意識—妻が夫の世話をすることに対し肯定的にとらえており、それを軸にその他の家族が支援。
④介護を必要とする以前の本人と介護者の関係が良好であったこと。
⑤妻の他に従たる介護者＝娘がおり、また夫や孫の協力もあったこと。
⑥痴呆の初期の段階から介護で孤立することなくサービスや家族の協力、親族や地域の

人々の理解を得られたこと。特に病院、保健所などの専門家につながり、安心感や信頼感をもてたこと。

⑦情報を積極的に入手し、客観的かつ冷静に対応できたこと。

⑧介護する者が痴呆を病気として理解し、本人の問題行動に恐怖感をもたなかったこと。

⑨地域住民の理解があり、大勢の人に支えられているという実感が力になったこと。

⑩経済的に本人の年金や娘の夫の収入などにより安定していたこと。

⑪保健医療福祉関係者のネットワークがとれたため、利用できるサービスの量的拡大がはかられ、かつ介護する者に対する援助も十分考慮できたこと。

⑫家族会へ参加することにより、情報の取得が容易となり、かつ連帯感が生まれたこと。

⑬住宅の状況が比較的よく、介護者の生活空間が確保されたこと。

⑭介護を要する者が痴呆性老人一人で、家族がその介護に集中できたこと。

⑮本人がガンの末期にあったため、介護期間に一定の限界があったこと。

(拙稿「痴呆性老人に対するケアマネジメント—保健医療福祉ネットワークを中心に—」『ソーシャルワーク研究 Vol.22 No.1』、1996年4月、14頁)

これらのすべての条件が満たされる必要はありませんが、介護者の健康、他の家族の手助け、専門職の支援、サービスの利用は不可欠であり、さらに住民の理解がある、身近に相談相手がいるなど、介護者が孤立しないための地域における支援体制が介護力を高めているのです。ちなみに「孤立」とは、①建物、生活環境などの物理的バリアによる孤立、②不必要な不安や誤解、無視や偏見意識を感じることによる心の孤立、③母国語などの言語の違いも含めて分かりにくい情報、アクセスしにくく必要な情報が手に入らないことによる孤立、④社会参加が高齢ゆえに制限されることやプライバシーが侵害される危険性などのサービスの運営、もしくは制度自体がもつ敷居の高さなどの社会的孤立によってもたらされます。

そして、孤立状態にある場合、うつ病の発症率、ねたきりの発生は急激に増加することは事実です。高齢者の閉じこもりについて検討しますと、その要因は、**図2**のように身体的要因、環境的要因、心理的要因で説明することもできます。

「身体的要因」とは、老化による体力の低下、疾病、障害（脳卒中、転倒、骨折など）です。「環境的要因」とは、《人的環境》家族の態度・接し方、友人仲間、《物理的環境》家屋構造、住環境、気候風土を言います。「心理的要因」とは、活動意欲の低下、障害受容、性格が相互に関係して起こるものです。そして、閉じこもりの結果、不活発な生活や安静で起き、全身のあらゆる機能に生じる「心身機能の低下」を意味する「廃用症候群」といわれる状態になり、さらに急速に「ねたきり状態」をもたらすのです。

安村研究班は、65歳以上の孤立した高齢者の出現率を10%～15%程度と考え、年齢が高くなるにしたがって増加し、75歳以上の後期高齢者の20%が何らかの孤立状態にあると考えていま

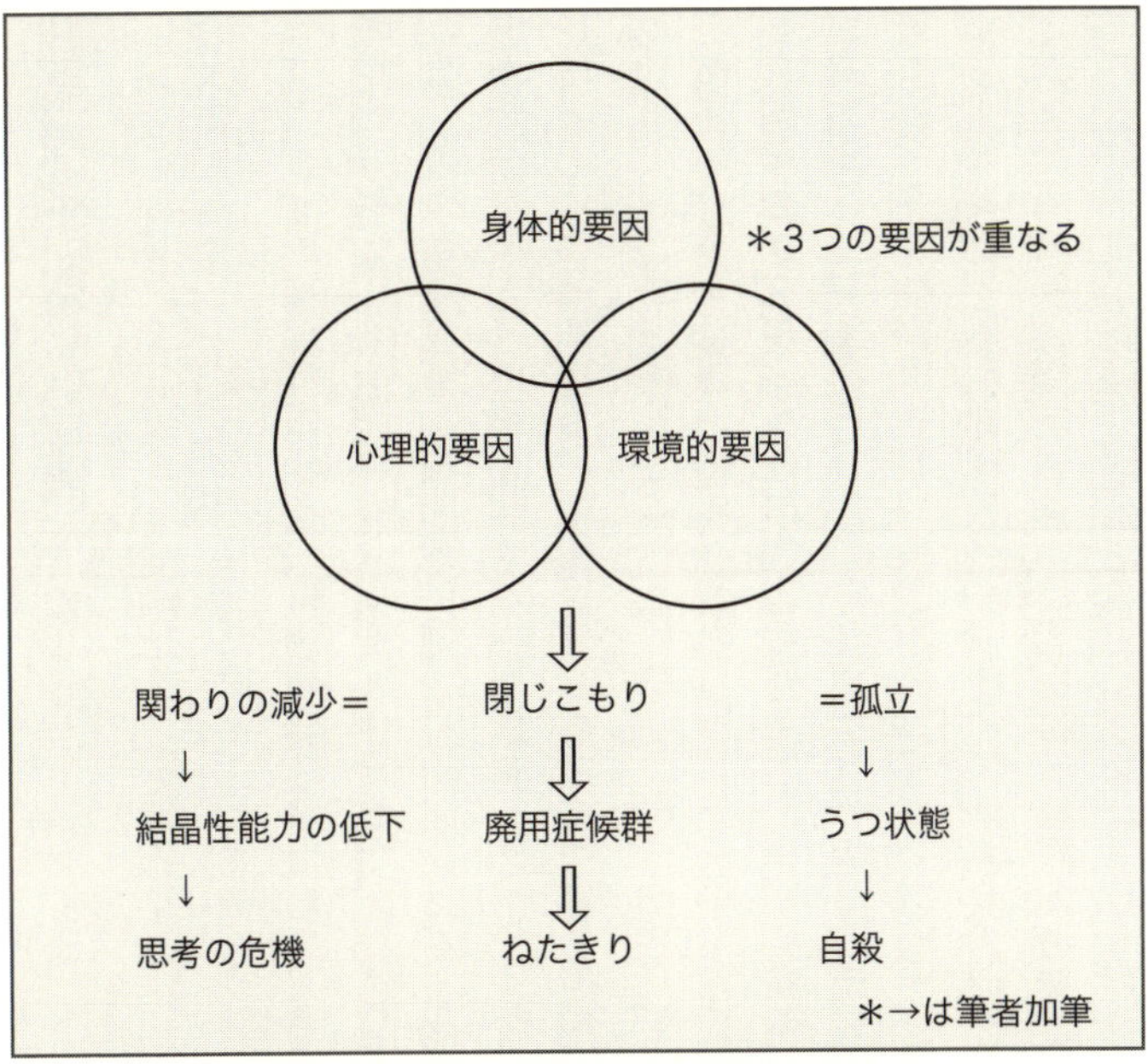

図2　閉じこもり、閉じこもり症候群の構造
（出典：厚生労働省閉じこもり予防・支援についての研究班〈主任・安村誠司〉『閉じこもり予防・支援マニュアル』2005年〈竹内孝仁理論を元に研究班が加筆〉）

す。したがって各要因をできるだけ取り除き、孤立を予防すること、そして孤立からねたきりに至る連続性を断ち切ることが緊急に求められているのです。

なお**図2**に加筆したように、孤立はうつ状態をもたらし、自殺の大きな要因となります。

また経験や学習によって維持・発達する結晶性能力は、社会との関わりが減ることによって低下し、思考の危機に直面します。それによって社会関係が閉ざされていくという虚弱の問題にもつながっていると思われます。

社会福祉の新しい展開

予防の対象はすべての住民

２００４年度に行われた「自殺多発地域における中高年の自殺予防を目的とした地域と医療機関の連携による大規模介入研究」（こころの健康科学研究事業、主任研究者・酒井明夫）は、①第一次予防として心の問題に関する講演会による地域住民を対象とする啓発活動、医療従事者を対象としたうつ病に関する啓発活動、②第二次予防としてのハイリスク者対策、③第三次予防としての精神医療、地域医療、福祉の連携を円滑化するシステムづくりを掲げ、効果を実証しています。

また、２００５年に報告された「うつ予防・支援マニュアル」（厚生労働省・うつ予防・支援に関する研究班・主任研究者大野裕）では、介護保険制度改革の一つである介護予防事業の検討に際して、①第一次予防として、うつ病に対する正しい知識の普及・啓発、健康教育、健康相談、リラックス教室、生きがい対策、②第二次予防として介護予防検診、うつに関するスクリーニング、個別健康相談、リラックス教室、生きがい対策、受診奨励、③第三次予防として個別健康相談、機能訓練、訪問指導、家族との連携、治療の継続を提案しています。

なお第二次予防は、地域包括支援センターや市町村などが実施する心の健康に関する相談との連携によって推進することに留意し、第三次予防は病気によって残った障害を最低限にし、充実した生活を志向しています。

さらに、2005年の介護保険制度改革において強調された介護予防は、老化などを理由とする生活機能の低下を予防し、または維持・向上を図ることを内容とした幅広い取り組みです。そのために個々の生活習慣や生活環境、さらには各個人の健康に関する考え方、日々の生き方を含めて検討することが必要であると指摘しています。したがって、専門家が各個人の状態を評価（アセスメント）して、介護予防プログラムをサービスとして提供するといった取り組みだけでは自ずと限界があります。

介護予防は、健康の維持・増進を目指しますが、「健康は、人生の目標ではなく、豊かな人生を築く手段である」という考え方に立ち、不可避に訪れる「老化」に対し、自分自身が、もしくは地域社会がそれぞれの健康寿命を延ばすように努力するとともに、一次予防（生活機能の維持）から二次予防（生活機能低下の早期発見・早期対応）、三次予防（要介護状態の改善・重症化予防）までの連続性を確保し、その緩やかな老化と自立した生活を支援していくことが重要なのです。

なお、介護予防を進める際の基本的考え方は、「ヘルスプロモーション」です。烏帽子田彰氏の説明を借りるならば、「ヘルスプロモーション」とは「人々がより良い健康水準を達成するための個人及び社会の努力のプロセスと説明することができる。そのため、健康維持、向上を支援する環境の形成を重視すること、根拠を明らかにし、健康という考えをあらゆる政策決定の場で位置づけること、生活の視点から従来の保健の領域を超え、総合的に地域における健康増進活動を行うこと」ということになります。

そのためにも、先ほど申し上げましたように、「閉じこもり」「孤立」予防を重視しながら、総合的な予防対策を進めていくことが必要となります。具体的には、口腔ケア、栄養改善、運動機能の向上、認知症や閉じこもり予防施策を、他の既存の保健医療福祉などのサービスを組み合わせて実施することです。しかも地域との関わりのなかで、ご本人の体力や能力を維持していただき、またできるだけご自分の地域生活へのアイデンティティーを維持していただく支援が重要です。

また、そもそも介護保険法には、「その能力に応じ自立した日常生活を営むことができるよう、必要な保健医療サービス及び福祉サービスに関わる給付を行う」（第1条）と規定され、また第4条では、国民の責務として、健康の保持増進の努力と要介護状態になった場合においてもサービスの利用により、持っている能力を維持向上するように努めることが求められています。しかし、制度に規定された保健医療サービスおよび福祉サービスだけでは、援助として十分ではありませんので、ケアマネジャーは住民活動・ボランティア活動と連携した、総合的生活支援を進めるように求められているのです。

同様に、介護予防を一定のサービスの範囲で考えることはできません。そもそも孤立や閉じこもりが介護状態への主要な引き金因子となっているからです。孤立や閉じこもり状態になると、精神的・知的能力の低下だけではなく、身体的能力も低下します。

高齢者が孤立しないように、社会関係や人間関係を維持できる多様なシステムを地域に構築すること、そして低下した能力の悪化を防ぎ、可能ならば回復して地域と関わりを取り戻すように援助すること、さらにご本人の意思を確認して、その方の生活の場である家庭が専門職や家族・住民との交流の場になることも考えられます。高齢者の個々の要望やニーズによって対応は異なるのです。このような個別対応が、介護予防の効果を高めます。

保健医療関係の有力な研究者が、閉じこもりがちの高齢者と関わりをもっていた住民などの活動を一年間調査し、効果を計ってみたところ、結果としてその方々の能力は向上していたそうです。つまり、「自分もちょっと運動してみようか」「ちょっと外へ出てみようか」という動機づくりのできる支援もとても大切なのです。

目立つサービスに目が行くことは当然ですが、今までの関わりと生活を継続し、できるだけ利用者の能力を活用できるように支援する。いわゆる利用者の生き方に寄り添うケアの有効性、効果性を過小評価していないでしょうか。

確かに、生物学的に老化を防ぐことはできません。細胞は着実に老化し、心身機能が低下してきます。しかし、健康寿命を長くすること、日常の生活の質に留意し、その人なりの豊かな生活をできるだけ維持していくことは可能です。私は、介護予防が高齢期の生き方、生活の質の向上を目指すために必要であると思います。

私が尊敬する長野県佐久総合病院総長であられた故若月俊一先生は、長野県全体の疾病率が全国の中で非常に高かった時代に、赴任された先で治療に特化された医療を健康診査、栄養指導、生活指導などの予防も含めた幅広い地域医療に広げられました。さまざまな地域活動に踏み込んでいき、長野県民の疾病率を年々に下げていかれた結果、健康に対して関心の高い県民性が築かれたのではないかと思います。このような幅広い予防の考え方を、地域に定着させ、地域文化とする社会福祉の役割も大きいと思います。

福祉のまちづくりの視点

福祉のまちづくりの特徴は、地域性、当事者・住民主体の原則に則った協働、そして多様性・柔軟性・総合性の視点です。

第一に、地域性とは、サービス利用者の状況、今まで培われた関係や築かれた地域の生活文化、そして地理的条件に影響される「地域資源」の状況によって異なります。ちなみに資源は、「人」「もの」「金」「とき」「知らせ」に分類され、きわめて多様です。これらの地域資源を開拓、開発、活用することが地域福祉経営ですが、逆にそれぞれの資源の配置状況や地理的状況、人口規模や財政状況によって期待される機能は異なります。しかし、それらの資源を認識し、自覚してどのように活用するかによって、福祉水準の差が顕著にあらわれます。この点については、後で述べます。

第二に、福祉のまちづくりは、住民や生活の困難に直面する人の視点で実際に有効、有益であることが必要です。したがって、計画策定の過程、計画の実施と評価において、当事者の参加が前提ですし、調査やヒヤリングによる当事者の意見を把握するシステムを整備すること、当事者が参加できない場合にその意見や意思を反映させるための代弁者、代弁機関の関与が不可欠となります。住民自身も当事者として、活動の推進者になることが求められます。当然、住民間、住民と行政や社会福祉協議会、社会福祉法人やボランティア間の連携、協働によって幅広い参加が見込まれますし、将来を見据えた新たな社会づくりへとつながります。すなわち、まちづくりとは、人と人との絆を原点とした未来の開拓だと言えましょう。

最後に、多様性・柔軟性・総合性の視点で申し上げますと、福祉のまちづくりの仕組みはハードとソフトの二重構造です。したがって、生活環境などの整備と必要とされるサービスや機関等の情報をどのように組み合わせるか、個別的なケアサービスを住宅の機能とどのように連携させるかといった、組み合わせが求められます。また従来タテ割りになっていた思考回路を、住民、家族という横軸に組み直していくことが、サービス利用者の多様なニーズを充足するために必要です。また当事者の視点から見ると、医療、福祉、教育、住宅、労働にわたる総合的なまちづくりは、当然の方策であると思います。

このように、あらためて介護予防の議論を見直しますと、ヘルスプロモーションと福祉のまちづくりの意味が非常に類似しています。相違は制度の違い、部署の違い、言語の違いではないのでしょうか。いま介護予防は理念ではなく、地域における実際の保健医療と福祉の連携強化という、古くて新しい取り組みであると私は考えており、老人保健の一方だけの強化では本来の目標に到達できないと考えています。

高齢者や中高年が活動的な暮らしをするためには、人と人の関係性に着目する必要があります。特に、家族や地域との関係性が崩れて孤立することにより生活機能の低下を招くことが多いことから、その関係性を回復するためにも共に支えあう人づくりや仲間づくりを行うなどの地域づくり・まちづくりの視点が重要です。予防は、専門家による一方的かつ期間限定的な働きかけでは効果を期待できません。公的サービスやインフォーマルサービス、さらには住民やボランティア組織活動による支援などを総合的に提供できるようにする必要があります。また、高齢者や中高年が主体的かつ継続的に参加活動することができる場や機会が身近なところにあるなどの、「地域づくり・まちづくり」が必要です。

私は全国各地の、ほんとうにたくさんの地域から学ばせていただきました。例えば、高齢者を対象とした地域の「ふれあい・いきいきサロン」――地域を活動拠点とし、近隣の高齢者、障害者、子育て中の親等を対象に、住民である当事者とボランティアとが協働で企画をし、内容を決め、運営していく仲間づくりの活動。現在、全国に広がっています――を見学しますと、あるサロンでは、たくさんの住民と当事者が活動しておられました。その活動の場所に社会福祉協議会等の保健・福祉関係者も出向いており、生活課題の把握と情報の提供に努めていました。

また、老人ホームの指導員やリハビリの担当者がサロンに来て健康体操の指導をしたりして、住民相互の関わりの中から、高齢者を含む住民の健康の維持、生活能力の維持・向上を図る活動が生まれていました。公民館などの近隣の施設を活用し、また空き家などの地域の資源を活用し、アクセスを重視しています。小地域単位の「いきいき・ふれあいサロン」などの集会の場や温泉・プール、健康運動施設などを活用した住民主体の活動、日常的な交流や情報交換などは、予防の効果を高めるためにも、大切な資源です。

高齢者が家から外、すなわち地域に出て、ホッとできる場所が地域にあること、相談できる専門職が近くにいること、住民や民生委員との日常的・継続的な関わりがあることなど、福祉のまちづくりの考え方と具体的な取り組みは、介護保険制度改革の軸となる介護予防の考え方を支えるヘルスプロモーションの概念と一致し、各委員の合意の上に2005年10月に出された『介護予防に係る市町村介護保険事業計画に関する報告書』（厚生労働省）の第三部としてまとめられました。表題は、「介護保険事業計画（介護予防事業部分）とまちづくり・地域づくり」です。

地場産業と連動した福祉でまちづくり

今、とても心配していることがあります。三位一体の構造改革のなかで、過疎地などに住む住民の生活が厳しい状況におかれている。すなわち、限界集落が全国に広がっています。消費中心型、市場最優先型社会が農業や林業などの第一次産業の基盤を破壊し、いくつもの集落の経済生活が成り立たなくなっています。後継者が育たないというより、若者が、中高年が働く場がない。その結果、私が非常に危惧しているのは、人々の大事な生活基盤である集落や文化が消えてしまうのではないかということです。

私は中山間地や漁港などで、過疎の問題に直面している多くの地域を訪問いたしました。その時に、まちづくりを進めて、将来を見据えた取り組みをしているいくつもの市町村に出会いました。社会福祉の分野だけでなくて、地場産業や環境、天然資源を軸とした観光と組み合わせてまちづくりを進めているところもありました。それらの市町村からは意欲と展望、地域に対する強い愛着と誇り、そして危機感を共有した強い意志を感じ、私自身も勇気づけられました。

山間地にある過疎の町を訪問しました。そこにはすばらしい自然があり、水がでる場所に集落ができ、おいしい米と収穫物がある。これは大きな地域力です。確かに、高齢化が進み、過疎が進行してきていることも事実ですが、そこに住み続ける人々がおり、生活を支える文化や伝統が残されていることに、私は「生活の豊かさとは何か」を考えさせられました。人々は自然に向かって、いま生かされていることを感謝する。そして日々の生活に愛着をもち、生きていくことの誇りがあり、そこには生活に溶け込んだ伝統文化がある。

その地域の特産品の中には当地の障害者施設の優れた作品もあり、商品化して全国展開をしようとしていました。そこでは障害をもつ方がつくられた作品も、商品として正当に評価されていました。手づくりで確実に高品質のものができたならば、その商品価値は高いのです。地場産業があり、福祉でまちおこし・まちづくりの視点が、より明確に評価されるべきであると思います。

自立支援は「すべき論」を排除した支援

子育ても介護もサービス利用もそうですが、家族がそうすべきだとか、自分はこう思うといった、評論家としての身勝手な論理ばかりが先行した支援計画がこれまで策定されていたのではないかと思っています。

30年近く前に依頼を受け、新潟のある郡でヘルパーの必要性について調査をしたことがあります。自治体は、申請がないからサービスはいらないと言いました。しかし、民生委員の方々にお聞きすると「とんでもありません。申請しないだけであって、実は昼間は一人暮らし、夜は三世代という世帯はたくさんあります」ということでした。まさに世間体、すなわち家族が介護すべきで、サービスを利用することは親不孝だといった伝統的な見方が生活課題を隠していたのではないでしょうか。

「子どもを育てるのは親の責任だから自分でやりなさい」、また「親なのだから自分で養育すべきである」と言うことは簡単です。しかし、自分の子育てが100点満点であると考えている方はおられますか。私には自信がありません。試行錯誤でしたし、妻がいたからこそできた。しかし父親の責任は大きく、子どもと母親の狭い養育ユニットに社会における生活の営み、すなわち社会性を入れていくことが今日の緊急の課題です。

私たちは子どもと親が地域でさ迷って、居場所を求めて転々としている姿を見逃しているのではないでしょうか。また自立支援と言っても何をもって自立というのか、基本的考え方そのもの、また支援の内容がはなはだ不明確であったのではないでしょうか。私はそういう「家族が介護すべき、親が養育すべき」と理念を語る時間があれば、どうしたらいい介護や養育ができるのか、どうしたら具体的に自立ができるのかを議論することが、専門職の役割であると認識をしています。

例えば、ケガをして能力が低下し、障害として残った場合、以前と同じ生活は難しいわけです。そのときにこれまでの福祉サービスは障害に着目しながらも、画一的にすべてを援助しようとしたのではないでしょうか。家事援助を主たる内容とするホームヘルプサービスが、高齢者がお持ちの調理能力やある程度自立していた食べる能力を奪っている、生活能力の低下に繋がっているという指摘が２００６年の介護保険制度改革の議論の中でなされました。「廃用性症候群」とは、できる能力を奪って、プライドを奪って、サービスが生活能力を低下させている利用者の一群を言います。この意見は、残念ながら一部で該当します。

当事者の意欲・能力を支える

そもそも障害部分、能力の低下している部分に対しては「援助」を、そして潜在的にもっている能力は「活用」すべきであり、それが自立支援計画だと私は思います。サービスの利用者として従来の住民としての生活から切り離されるのか―。いや、一人の住民として、今まで通りの生活を守り、かつプライドをもち続けられるのかというのは、援助のやり方ではっきり区分されると思います。

九州の「ふれあい・いきいきサロン」を訪問したとき、参加なさった高齢の方々は保健師に健康チェックとして体温と血圧と脈拍を測ってもらっていました。その時の高齢の方々は、あまり元気のないように見えました。ところが、調理場に場所をかえてボランティアと組んだ調理作業の時間には、参加者の姿勢や動きが変わりました。高齢の方が熟練しているからボランティアの人たちよりも調理をうまくでき、どっちがボランティアか当事者か分からない状態でした。背骨をしっかりと伸ばして調理をやっていらっしゃる。

私が、「お上手だから、日ごろも調理をなさっておられるのですね」と質問しましたら、その高齢者は「火事が怖いと嫁に言われて料理ができないのです。だから久しぶりの調理ですよ」と楽しそうに言われました。

能力に応じた社会参加、自己実現は大切です。その方の能力を活用していただく――。これが生活の質を維持することであり、その人のもっている能力を生かし続けることだと思います。

地域に根ざした福祉のあり方

地域にある施設への転換

寝るところと食べるところ、排泄するところが同じベッドの上というケア・サービスは、最も質が悪いサービスです。いわゆる「寝かせきり状態」のことです。限られた生活の場を、できるだけ地域にまで広げていくことが必要です。そのためには、入所者の生活を地域に広げるという方向と、施設の機能を地域に活用してもらうという方向で、施設のあり方を検討すべきでしょう。すなわち、老人ホームの入所者である前に一人の人間であり、住民であることには変わりはない。地域の行事やデイサービスに出かけることも選択肢の一つであり、入所者の生活の範囲を地域に広げること、また事業運営に住民が参加しているかが、地域にある施設かどうかの判断基準になります。

さらに、施設がもっている能力が地域で活用されているか。デイサービスも、入浴サービスもそうでしたが、特別養護老人ホームにあった機能を地域で活用しようとしました。保育所には専門の相談員がいるので、子育て支援センターを中核に保育所がブランチとしての相談業務を担えないか。都市に点在している保育所はアクセスの点で優れているので、近隣の母親たちの相談に乗れないか。障害者の自立に対してはその地域にある施設がどれだけ資源として提供できるか。また、老人ホームの職員が地域のサロンでリハビリや健康体操を指導すれば、ミニデイサービスにもなります。このように、施設のたくさんの資源がどのように地域で活用されるか等々は、地域に認められる施設になれるかどうかの試金石になると思っています。

振り返って、自分のプライバシーを侵害されたくない、人格を守ってほしい、集団でとらえるのではなく、一人の個人として見て欲しい、今までの地域での生活と同じように地域との関わりをもちたい——という当たり前の要望に、今までの社会福祉は十分対応してきたでしょうか。

そのためにはまず、地域にある施設について考える必要があります。すなわち、利用者の生活を施設のなかで完結させないということが大切です。要するに、地域で孤立する施設から地域にある施設への転換が必要であると私は思います。拠点となる病院やホームを中心に、小規模なデイサービスセンターなどの施設・住宅が地域の各所に分散していくことも地域密着型施設の特徴であり、その動向は非常に注目されます。

確かに、地域に分散するデイサービスセンターや住居とデイサービスが組み合わされた小規模多機能施設は、当然のことながら地域住民の日常生活と接近します。典型的には、隔離施設ではまったく起こらなかったいろいろな関わりとコンフリクトが起こることは避けられません。しかし、そもそもどのような社会づくりを目指すのか、どのような地域づくりをしていくのか、というこれからの地域のあり方、私たちがこれから生きていく社会の姿そのものが問われているのです。

地域に広がるサービス拠点

北海道の東部にある遠軽の広さは香川県と同じくらいと言われます。遠軽で小規模の施設に住んでいるある80歳代の高齢者は、必ず朝と夜、犬を散歩させることが自分の役割で、その仕事を日課とされていました。障害をお持ちなのにもかかわらず、一生懸命にその役割を果たしておられるそうです。

そもそも転倒の危険を恐れ、活動空間を狭める方向で援助計画を立てるのか。また食事、排泄、入浴等々をしてもらう受け身の人として利用者を考えるか。逆に、転倒に到る状況を分析して、その理由を把握することを通して、援助計画をたてるのか――。カンに頼った援助は多くの場合に失敗に終わっています。「エビデンス」、すなわち「根拠」が必要です。

振り返って、今までの福祉は勝手に都合のよい利用者像を作り上げ、本人の希望と能力、そして役割を奪っていたのではないでしょうか。ご自身でやれることはやっていただき、その人ができる能力やチャンスを奪わないで、今ある能力を活用していくことが大切なのです。それは生活意欲を高めることにもつながります。これこそが自立支援になるのではないでしょうか。

熊本県合志にある「きなっせ」という多機能小規模施設に、数年前に行きました。熊本弁で「きなっせい」は「いらっしゃい」という意味です。ある認知症の女性が買い物に行きます。買い物に行くあいだに、地域住民との自然の関わりが生まれる。買い物をして、戻ってきて、手助けを受けて、今まで通りに自分を含む利用者のために調理をするのです。今までと変わりのない生活が続けられていきます。

認知症になったからと、すべてに絶望する必要はありません。認知症になっても、軽度の現状をそのまま維持できれば、寿命のほうが先に来ると私は考えています。したがって、軽度にとどめ、安定した生活の質を保つことが高齢者福祉に携わっている人たちの腕の見せどころなのです。それは保健医療との関わりによって目指す目標であり、地域を現場に働く社会福祉協議会の力量が問われるところではないかと思います。そういう意味で、その人のプライドや生活に寄り添うという当たり前のサービスが提供されることが、自立支援計画であると思います。

参加型・協働型社会づくり

子どもの成長のプロセス

子どもを育てることの喜びと苦労、そして戸惑い――。子ども自身が直面する問題は、いま大きな社会問題となっていると思います。青少年の引きこもりもしかりですが、いま社会自体が非常に病んでいると思います。年間の自殺者数は3万人以上で定着しました。若年層の死亡原因のトップは「自殺」です。そして子どもが居場所を求めて、地域社会のいたるところでさ迷っています。東京、神奈川、大阪といった大都市の繁華街には全国からたくさんの子どもたちが集まってきます。大きな駅に行って見てください。夜遅くにたくさんの子どもたちがいます。

子どもの「育ち」を、地域は支えているでしょうか。子ども自身の成長のプロセスをたどると、私は2歳から3歳の時に危機に直面すると思っています。親から抱っこされて育ったか、おんぶされて育ったかどうか。すなわち、親との心と心を通したかかわりの経験や親のぬくもりを知って育ったかによって、子どもの将来の発達は大きく左右されると言われています。

熊本にある児童養護施設の施設長を長く続けられた潮谷愛一先生は、子育ての現場経験を通して、すでに約20年近く前、その問題点を次のように指摘しておられます。

「アメリカの影響を受けた育児書では子どもを抱いてはいけない、できるだけ独立させ、自立心を持たせるようにと書いてある。しかしそれを提案したアメリカでは、日本で翻訳され出版された時には、すでにそれは誤りだと指摘されている。2、3歳になると子どもたちは、表向き親から離れようとする。後ろを見ながら離れていく。しかし、子どもが自分の行動に満足して戻ってきた時、ちゃんと抱きしめるようなことをしてやれたかどうか、これが大事なのだ」

潮谷先生は、子どもは抱っこしたり抱きしめたりすること、関わりあうこと、その関わりのなかで子どもは育つことが必要だと言い続け、社会に警鐘を鳴らしてこられましたが、その警鐘がずばり当たりました。「14歳問題」「17歳問題」の発生も、先生が予想されていたことです。子どもたちも参加できる場、みんなが集まれる場が地域にあるかどうかが問われているのです。学校と社会、学校と家庭の間に育っていく地域が必要なのです。

「大人よ、大志を抱け」

長野市ボランティアセンターの「サマーチャレンジボランティア」が映画化されました。これは引きこもっていた青年が、夏に企画されたボランティア活動を通して引きこもりから一歩一歩、地域に出てきた記録です。ボランティアをしながらたくさんの方に出会い、支えられ、自分でできることを見い出し、自信を取り戻し、その子らしく成長してきたのです。ボランティア活動は場所であり、空間です。そのような場を提供する試みとともに、子どもたちの力を用いて、彼らが自分なりに成長していける場をつくり上げる機会を地域が用意できているかどうか――。

子どもたちの成長をヨコ軸で見るのではなく、タテ軸で見ることが大切です。つまり、その子にはその子なりの成長、一歩一歩の歩みがあるはずですから、その歩みをほかと違うからとヨコ軸で叱責するのではなく、その子が育っていくタテ軸を見守っていたでしょうか。以前のように、家庭と学校の間に、子どもたちが安心して集まれる地域が、社会があるでしょうか。問われているのは、私たち大人です。社会です。今日の青少年問題は、子どもたちから大人たちへの告発であると思います。戸惑う子どもたちと真向かった有名なヤンキー先生は、はっきり言っています。

「今までは『少年よ、大志を抱け』だったけど、もうこんな時期に少年が大志を抱けるわけはない。今、言いたいのは『大人よ、大志を抱け』。大人がきちんと将来を見すえて、今を生き続けないならば、子どもたちもついていけない」――。この言葉に私はショックを受けました。「大人よ、大志を抱け」、まさに地域にその場をつくることこそ「まちづくり」の原点です。その結果として、地域に根ざした福祉システムのあり方が見えてくるのです。

それぞれの視点で、それぞれの役割を

高齢で体力が衰えたとしても、その人なりに地域の活動に参加していけます。例えば、定例の公民館の掃除ができなくなればおにぎりを握るだけでもいいし、みんなでやるときに一緒に付き合ってくださるだけでも、お茶を入れてくださるだけでもいいのです。仕事の定年とは、仕事を離れることを意味しますが、人生の定年とは生涯を全うした時に訪れる――。人生に役割がなくなることはないのです。ですから、いつも役割を果たせる場や機会が地域に必要で、この当たり前のことが豊かに生きるということであり、それを支援することが福祉の本来の役割であると思います。

長野県のある有力な老人ホームでは、「逆デイ」というかたちで地域のデイサービスセンター

に利用者を送り出しています。利用者の生活空間を施設だけに限らず、地域へと広げているのです。なぜなら、利用者の方はホームで生きてきたのではなく、住民として生きてこられた方です。その関わりをできるだけ維持していく——。ホームで生活している方が、住民の○○さんと呼ばれる日に早くしたいと思います。

20年ほど前、長野市で「希望の旅プラン」という事業を開始しました。重度障害者や高齢者を介護している人たちが家から外に出る機会がないので、介護者も一緒に地域に行こうという活動を続けてきたのですが、「希望」の二文字を取ろうと考えているそうです。地域に出ることは当たり前になったから、「希望」とあえてつけ加えなくてもよくなってきたわけです。無理して家から出ていただくのではなく、活動の機会を広げる、その人なりの場をつくる、出たい気持になるプログラムを開発することが、まさに参加型・協働型だと私は思うのです。

テーマは「ともに歩む」

いま、ボランティア活動のテーマは、「ともに歩む」こと——。これが原点です。イギリスの「パブ」は、パブリックプレイスを略した言い方と言われています。すなわち、「公共の場」とは、皆が集うところなのです。その場を地域につくることが大切です。ボランティア活動や住民活動も、皆が集う公共の場と言えましょう。

長野県で大規模な知的障害児施設のコロニーを地域分散型の小規模施設にしようということ

になりました。駒ケ根では協働のいろいろな活動があって町づくりができていたからでしょうか、小規模施設が数カ所設置されたと聞いています。山形県の上山市では30数年前から福祉村ができ、地域住民が村長、助役、収入役などを引き受けています。入所施設を退所なさる方が地域で住むためにはどのような支援ができるか、また地域にある施設を支援するためにはどうすればよいか具体的に検討し、いろいろな住民活動を展開しています。

このような活動は、塀で閉ざされた空間としての家庭、施設に地域の関わりを持ち込み、地域の随所に公共の場を作り出しています。このような地道な活動がその地域の福祉力を高めると思っています。それを実現するのは社会福祉協議会であり、福祉法人であり、NPOであり、主体は住民であり、私たちです。

地域福祉経営を目指す

地域福祉経営とは

「経営」とは、資源を有効に活用することです。30年同じ経営方針と体質を守り、新たな改革をおろそかにした企業は時代の流れに応えられずに市場から排除されると言われます。消費者の要望を見失っているし、即応できないからです。

この市場原理は地域福祉に当てはめることができます。当然、経済優先による合理化や労働能力を基準においた排除システムを社会福祉に取り入れること自体、社会福祉の存立基盤とはまったく異なります。しかし、地域にある資源を有効に活用すること、サービス提供組織が迅速かつ効率的に利用者の要望に応え、また各組織が連携して効果的なサービスを提供していく取り組みは、まさに経営なのです。いま一度、経営の本来の意味を大切にして、地域性を強調する視点から、地域の強さや課題を明確にすることが求められています。

すなわち、地域福祉における運営・経営とは、「人」「もの」「金」「とき」「知らせ」という資源を最大限有効に活用し、積極的な事業展開を進めていくことを言います。地域における資源は**表2**のように多様であり、それらを掘り起こし、また活用し、組み合わせていくかが地域に問われていることです。

例えば、中山間地においては、集落の既設の住宅や公民館などを拠点に行われている住民による交流が予防的効果を果たしています。人間関係、ネットワーク、相互扶助システムは「見えざる資本」、すなわち「ソーシャルキャピタル」として重要な役割を期待されているのです。

多くの都市においては住民間の相互関係は希薄化し、従来の家族関係は変質しました。しかし近年、ボランティア・NPO活動が活発化し、市民参加型社会づくりが目指され、地域の再生が始まっています。また農山村地域においては、従来からの相互助け合い活動が孤立やねたきり予防の役割を担っているのです。この地域の関係性をどのようにコミュニティづくりに活

人	当事者、医師、保健師、社会福祉士・精神保健福祉士・介護福祉士・ケアマネージャー等の専門職、住民、ボランティアといった保健医療福祉等に関わる広い人材
もの	保健・医療・福祉・教育・公民館等の施設、サービス・活動、物品はもちろん、住民関係、地域関係、ボランティア協議会、医療保健福祉等の専門職ネットワーク等のネットワーク
金	補助金・委託金、寄付金、収益、研究補助金
とき	就業時間、ボランティアが活動する時間。課題を共有化し、合意して取り組むチャンス
知らせ	上記の資源情報、サービス利用者情報、相談窓口における情報等のニーズ情報、計画策定に必要な統計等の管理情報

表２　地域資源の例示

かしていくかが重要だと思います。それは人と人との絆です。さらには、それぞれの地域の人材、施設、機関、サービスなどの既存の地域資源の可能性と課題を検討し、かつ潜在的な資源を開拓することが大切と痛感します。

繰り返しになりますが、地域関係は資源です。住民同士の近隣関係は資源です。緊密な関係が住民の地域での安定した生活を支えています。そして、本人の能力も資源です。高齢者が一生懸命畑や庭を耕している場、それぞれの自己実現の場、生活の張りを維持できる活動や場も、資源です。働いているからこそ、その方の能力は低下しないのです。最もいい介護予防です。働くこと、さまざまな役割、関わっている地域活動、地域で自分が拠り所とする場所を提供できるならば、それは地域の強みです。

しかし得てして、その資源が地域で眠っている。積極的に開発することが必要です。やる気がある人を掘り起こすと、地域の可能性は飛躍的に拡がります。また、今まであった店が閉店して昼間でもシャッターが下ろされている、いわゆるシャッター街と化した商店街にもサロンをつくり、地域の伝統的な物をつくり、受け継がれてきた踊りや工芸品などの文化を守る。そこに人が集まりますから、人の動きがよみがえります。宮崎県西都市で、以前のパチンコ店だった店舗に市が３００万円、社会福祉協議会が３００万円を出し、改修して地域の拠点をつくりました。住民の新たな動きが始まっています。

地域におけるセーフティネット

なお、うつ予防、自殺防止の取り組みは、当事者が持っている関係性を通してなされることがもっとも有効だと思います。例えば、うつ病の状態の発見者・機関は、家族員、職場や学校などの所属する集団・友人・住民・民生児童委員、関わっている専門職・専門機関等々が考えられ、いずれの自殺防止マニュアルも中高年が所属する会社の役割を強調しています。

しかし、中高年期に失業した場合、また失業を恐れて病状を隠す場合は、産業医や関係の医療機関を利用できるなどの会社の保護機能が作動しません。自ら医療機関にコンタクトをしない場合には、発見し、対応する機関が限られてきます。地域との関係を閉ざしている場合は言うまでもありません。医療機関、保健所、市町村の相談機関、そして社会福祉協議会などの福祉機関、地域包括支援センター、さらに住民、民生児童委員、ボランティア・ＮＰＯ等々のネットワークと各自の役割に関する合意が必要です。

今日、サービスは専門分化し、多様なサービス提供者が登場してきました。サービスの量を確保すること、競争によるサービスの質の確保を意図した改革は必要です。しかし、サービス多元化は責任転嫁を招き、最後の安全網となる行政や公共性を有する機関の、以下の「具体的な役割」が不明確になっています。その役割とは、

①サービスの水準のチェック、サービス評価の推進
②計画の策定と地域で必要とされるサービスの量の確保、人、サービス、施設、情報などの社会資源の開拓
③適正な競争の推進
④情報提供（対象・地域住民、サービス利用者、サービス提供者）
⑤一般事業者が大幅に参入することが見込まれない領域におけるサービスの協働的提供
⑥サービス提供者間の協議の場の提供、保健医療福祉の連携の強化と実施モデルの提示、対応困難ケースに対する協働
⑦在宅福祉サービス利用者の権利の侵害への対応
⑧市民参加の促進と、行政と民間のパートナーシップの構築、善意が生かされるシステム（寄付、活動、事業）の整備
⑨研修による従事者の質の確保

などです。

「セーフティネット」を持たない社会に、明日はありません。行政の行政たる意味、社会福祉法人や社会福祉協議会などの公共性をもつ理由に立ち返ることが必要です。そこに、新しい協働が生まれます。

ニーズに合わせてサービスの意味と内容が変わる

日本を代表する地域福祉の実践者であり、理論家である阿部志郎先生からいつもお教えいただいたこと、すなわち「靴に足を合わせるのではなく、足に靴を合わせること」という「ニードオリエンテッド」のサービスの組み立てが求められています。靴に足を合わせると靴ずれができると同時に、不具合が生じます。すなわち、利用者が置かれている状態と要望に応じた適切なサービスを提供できるか、専門職の真価が問われるところでもあります。

その意味で、保健医療福祉、就労や教育の連携、必要な地域資源の開拓、公的サービスとボランティアや住民活動などのインフォーマルなケアとの連携、課題提起と社会への行動など、分割化・分散化した各サービス、活動を調整する専門職が必要とされているのです。

また今日、小規模多機能施設やグループホームなどの、住宅と施設の中間的に位置する場が登場し、社会福祉の在り方そのものに対し、問題提起をしています。『地域福祉型福祉サービスのすすめ』（全国社会福祉協議会出版部、２００６年）によると、これらのサービスや活動は、日常生活の場において「生活のしづらさ」を抱えた住民の生活の継続性や豊かな社会関係など、地域生活の質を高めることを目的にした活動やサービスで、その開発や実施過程において住民・利用者・事業者・行政が協働することを通して、共生のまちづくりに結びつく「地域資源」の性格をもっています。そして「利用者のその人らしい生き方・生活」を尊重することを目指しており、それを実現するためのポイントとして、「人間関係」「役割」づくりを重視しています。またそのようなケアを実現するために、運営面において地域社会との関係を重視し、「地域社会とつながる運営」を基本としているのです。

また社会福祉法人「愛知たいようの杜」は、特別養護老人ホーム、デイサービスセンター、ケアハウスなどのほかにＮＰＯ法人をつくり、「ぼちぼち長屋」として住宅機能と24時間対応ケアを組み込んだサービスを提供しています。一ヶ月にかかる費用は約20万円ですが、一緒に生活し続けたいという気持ちを持ちながらも、加齢による介護疲れを訴えていた妻が、夫婦一緒に「ぼちぼち長屋」に移り住み、妻を職員がサポートする仕組みになっています。

これらは民間の柔軟性・迅速性・開拓性という特性を発揮したものであり、社会福祉の本来の在り方に立ち戻るものです。

「生活の動線」を見つける

日本で生活なさる、日本語を母国語としない人々が増えています。この経済不況にあっても地域で生活している人は少なくありません。地域を、日本国籍を有しない方々を排除する地域にするのではなく、共に生きる地域にしていくことが求められます。

確かに、不法移民の問題を避けては通れませんし、犯罪に対しては厳格に対処すべきです。また、地域生活に欠かせない約束事を合意していくことが、国籍の有無にかかわらず、必要になります。

しかし、それぞれの文化や信条、宗教に対して、相違があることを前提に共生の社会を目指した、きわめて具体的な取り組みが急務とされています。その際に、まず始めなければならないことは、情報が届くこと。各国の食物を売っているマーケットは、生活動線から見て情報提供の場として有効であると思います。また、多くの住民が集まるスーパーマーケット、センターも、情報提供に有効な場です。情報を伝えたい方の動線を見てください。その人の生活の動きを見てください。その動きに合わせて情報提供できたら最も効果的です。

当事者参加の重要性

サービスの提供者や行政・社会福祉協議会サイドだけで地域福祉計画を策定することは簡単です。しかし、それだけだと援助を必要とする当事者にとって使いにくい計画になるでしょう。当事者や住民の要望にどれだけ敏感であり、計画に反映できたかどうかが、計画の成果を左右するのです。

何らかの援助を受け自分自身でプログラムをつくることは重要で、例えば子どもたちに代わって教師や親がボランティアプログラムをつくっても、効果が十分期待できるか、疑問です。子どもを対象にしたプログラムは、子ども自身でつくることが望ましい。当事者である障害者が参加しない障害者のプログラムに対する評価は、必ずしも高くありません。

同じく住民の視点で、住民が使いやすくて住民が合意した内容でないと、計画として効果をもちえないのです。ですから社会福祉協議会は住民も入れた理事会をつくっていますし、社会福祉法人も住民という理事に参加してもらうのです。当事者の能力や発想は資源であることを理解していただきたいと思います。

チェック機能を担うボランティア

10年近く前、総合的なボランティア実態調査を行い、施設長にもボランティア活動について聞いたところ、「ボランティアは奉仕者なのであるから、施設が望むことをしたらよい」という意見が寄せられて、私は驚きました。ボランティアという人格が軽視されている。そもそも受け入れ段階から施設内で組織として合意したボランティア活動に関わる方針と受け入れ体制があり、担当者を明確にして、受け入れ段階からボランティア活動の意味をボランティアに説明し、研修をする。さらに活動上の問題について話し合うシステムを確認しておくといったボランティアポリシーをもっていることが、受け入れ施設には必要です。

なお、ボランティアがすぐ辞める施設は、ケアサービスに何か問題がある場合が少なくない。

ボランティアが活動を続ける施設は、ボランティアの目から見て「納得できる処遇と設備」という評価が前提にあると思います。ボランティアから見て、運営に一般的な常識を適用できない施設・団体は、住民から見ても、不自然です。施設内でしか通用しない常識は、非常識です。市民感覚、住民の視点、当事者の目線で施設運営や事業をチェックしていただける点でも、ボランティアは資源だと思います。

「福祉コーディネーター」の必要性

さまざまな資源を活用していくためには、近年、特にコーディネーターという専門職が注目されています。直接サービスを提供するのではなく、当事者と相談しながらより良き援助計画を立て、各サービスを組み合わせて提供できるようにする人のことで、ケアマネジャーはその代表であると思います。

在宅福祉サービスには効果も期待できますが、限界もあります。利用者が地域の各所で生活しており、発見することがむずかしく、ニーズの変化にも気が付かないことがあります。また在宅福祉サービスは単品ですし、提供者も多様になっているので、組み合わせることが必要になります。さらにはサービスを拒否している方、知らない方、なかなか理解できない方に対する支援も不可欠です。

このようなことから、高齢者の健康づくり、スポーツ活動、創作活動などのように、地域社会への参加を支援する予防・社会参加促進サービス、ホームヘルプやデイサービスのような在宅サービス、身体障害者や高齢者に対する補装具の給付、日常生活用具の給付といった生活環境改善サービスで構成される在宅福祉サービスにとって、相談・情報提供サービス（利用支援・利用啓発サービスを含む）がきわめて重要になります。

サービス利用者の選択を可能とし、そのプロセスにおける情報提供と相談事業、サービスの効果的、効率的利用を図るケアマネジメント、利用者の判断能力が低下した場合にサービス利用者と提供者間の適正な契約関係を保証するとともに、利用者の財産を保全する地域福祉権利擁護事業、利用を抑制する要因に取り組む利用啓発が、これに該当します。これだけサービスが量的にも内容的にも拡大してきた今日、住民活動との連携も含めて、それらをつなぐ相談・情報提供サービスへの期待がより大きくなってきていると思います。

在宅福祉サービスと住民の協働

２００６年の介護保険制度改革によってつくられた地域包括支援センターも住民活動と連動すること、また介護保険制度におけるケアマネジメントもインフォーマルを含めた総合的ケアシステムを志向することが求められています。社会福祉協議会が進めている地域活動と、事業として実施しているケアサービスなどが連携して、生活課題をもっておられる住民への支援体制をつくることが当然であるにもかかわらず、社会福祉協議会組織内での調整が不十分で、総合的生活支援になっていない残念な社会福祉協議会があることを危惧しています。高齢者や障害者にとってみれば自分の生活がどう守られ、これから自分の生活課題をどのように解決していくかという緊急の課題があるにもかかわらず、何ら十分な対応を期待できないならば、社会福祉協議会自体が構造疲労を起こしている。ぜひ、組織としての支援プログラムを開発していただきたい。

また、専門職は住民や民生委員にあまりに多くを期待していませんか。活動の範囲を定めないで、「見守りしてください」と頼む。十分バックアップをしないで「やってください」と簡単に依頼する。自分が民生委員になったらできないことを頼んでいるように思えて仕方ありません。

できる範囲を示して、専門職と住民や民生委員の役割を合意して協働しない限り、住民にいたずらな負担がかかります。これは専門職の手抜きです。曖昧な合意を避け、できるだけ具体的に役割の合意を図る。目的、対象、内容、時間、場所、方法などの確認を怠りますと、各提供機関はバラバラにサービスを提供することになり、効果的に機能しません。これでは地域のケアシステムは構築できません。危機を共有して、課題を共有して、その原因を把握して互いの役割を合意していく――。そのようなていねいな作業が地域福祉計画、地域福祉活動計画の作成に際して行われると実効性のある計画になります。

発想力・企画力によって施設・住宅の姿が変わる

今後、小規模多機能施設やグループホームなどの地域密着型施設が増えていくと思います。ちなみに、小規模とは、例えば一般的な住宅を活用しながら、そこで10人、15人ぐらいが生活し、かつ同施設にデイサービスセンターやヘルパーステーションを併設するなど、住宅空間のほか、利用施設としての空間を合わせて事業を実施する程度の範囲を想定しています。

東京都下の小金井市のNPOは、認知症の方が通われるデイホームに子育て相談の場所を併設しました。介護保険でデイホームはある程度の採算が合うのですが、単独の子育て支援の経営は厳しいので、両者を組み合わせました。子どもが「おばあちゃん、これどう直したらいいの」と聞きに行くと、おばあさんは「こうやってやるんだよ」とていねいに教える。子どもは「ありがとう」と言い、おばあさんは「どういたしまして」と答える。そうした「ありがとう」「どういたしまして」とお礼の言葉と笑顔が繰り返される――。私は、これが今までになかった、関わりを重視した生活支援の一つのモデルではないだろうかと思っています。

また「地域密着型」とは、地域との関わりやこれまでの生活がある程度継続しやすい場所に、家や施設があることを意味します。地域に買い物に行き、住民との会話や関わりがある。施設・住宅に住む利用者も町会にも加入し、町会費を納めて、まちづくりのお祭にも参加する。また子どもたちが学校帰りに立ち寄って話していく。ボランティアとして、一緒に地域で活動をできる場合もあります。

「分散型」とは、先に保育園のことで申し上げましたように、中核となる施設を拠点に、小規模施設が地域に点在し、ネットのように組合わさっているシステムとして考えられます。例えば、住民の集落が広範囲に点在する山間地では、通所型・地域支え合い型デイサービスの分散化が不可欠でしょう。通所には地理的、交通などのアクセスが重要だからです。また福祉職や保健師がチームで各集落を移動する方式、季節による住まいの移動などの仕組みづくりも大切です。まさに、地域福祉経営には発想力・企画力が求められます。

利用者の権利保障

今日の社会福祉改革は、組織がチェックシステムをもつことを求めています。最低基準として、規定される組織内の苦情対応システム、第三者苦情システム、第三者評価システム、事業の公開性等々です。利用者の選択重視は言うまでもなく、契約時の適切な情報提供は契約成立の正否に係ります。なお苦情の7割近くは不安や援助を求めているものではないでしょうか。不安や援助を求めている場合に、どのように社会福祉専門職などが関わるかが大事なのです。

また、苦情への対応は組織としての対応です。施設長などの管理者の責任が問われます。実際に苦情に対応するワーカーが、すべての問題を一人で背負うと確実に燃え尽きます。組織としてきちんと対応し、できないことはできない理由を添えて回答する。説明責任が求められますが、苦情は良好な関係づくりの有効な手段となりうることを理解する必要があります。

忘れてはならない消費者の視点

最後に、「忘れてはならない消費者の視点」ということを簡単に述べて、まとめとしたいと思います。

今から約20年前の1990年前後、「東京老人ホーム」が個室化する時に、当時の日高登先生からマニュアルの作成のご依頼を受けました。その際先生は、「サービスは利用者のためにあります。上から下への保護ではありません」として、ファーストフードとアミューズメントで有名な2社を参考にして欲しいとおっしゃいました。その後、10年近くたって、福祉の在り方が変わりました。「ニーズオリエンテッド」、すなわち利用者中心のサービスへの転換が図られてきたのです。

そのためにも、①要望に対する迅速な対応と経過説明、②組織内に徹底されたサービスの質の確保、③利用者からのアクセスがとれやすいこと、④危機管理を明確にした安全性の確保、⑤利用者や関係者に理解できる情報内容と提供システム、⑥ここまで生活を維持できたのは利用者の努力と提供者の努力であるという互いの成果を確認するシステム、責任体制の強化を図っていくことは、組織としての義務だと思います。

社会福祉組織の管理者は、自分も現場で働きながら組織の経営を行っていく。すなわち「プレイングマネジャーになれ」が、私自身の教訓です。人材を育てるマネジャー、組織としての管理方針を明確にしていくマネジャー、社会からの要望を見逃さない改革者としてのマネジャー等々の役割を担っていくことが、現在の管理者に求められているのではないでしょうか。管理職は座っていればいいという時代は終わりました。責任をもって進めていくこと――。それが社会福祉法人、社会福祉協議会の管理者の役割でもあります。

それぞれの強みを生かして、それぞれの地域の活性化、福祉力の向上に努めていただきたい。そして、人と人との絆を原点とする福祉の再構築をしていただきたいと思います。

社会福祉従事者の専門性

自立支援

先ほど、自立支援の考え方について申し上げました。それをソーシャルワーカーという社会福祉専門職の援助として具体的に示しますと、以下のように多様なものになります。

① 個別支援＝利用者が直面する保健医療福祉課題とともに、利用者の能力を総合的に判断した援助計画

② 自立意欲・自己決定の尊重＝当事者としての解決意欲、解決能力を高める支援

③当事者活動の尊重と支援
④評価による根拠（エビデンス）に基づいた当事者が持っている能力や支援すると高まる
　潜在能力の活用
⑤適切な情報の提供とサービス利用支援
⑥保健医療福祉、そしてインフォーマルなケアも含めた総合的支援
⑦さまざまな社会活動への参加の機会の提供

従来持っていた能力が何らかの理由で低下もしくは喪失し、生活をおくる上でさまざまな障害が生じた時、大切な視点は、当事者への支援と当事者の能力の活用を含む自立支援計画を立てることを意味します。

これまで、当事者の意欲や能力を軽視した、専門職による一方的な支援が行われてきたのではないかという反省が出されています。家族への信頼や地域へのアイデンティティー、社会への関わりは当事者が自らの問題を解決していくためには重要な要因です。

したがって、生涯学習、ボランティア活動や趣味・生きがい活動、日常的な仕事などを通して、自分らしく生きていくことができる受け皿が地域になければ、急激に心身の機能を低下させる閉じこもりなどの孤立を防ぐことはできないし、せっかく回復した能力を維持することができません。またそればかりか、交流や自己実現によって生活の質を高めたいという当然の機会が提供されないことにもなります。

個別支援—高齢者への援助

個々の利用者によって、援助計画は変わります。それぞれが持っている生活課題は異なりますし、置かれている社会環境もさまざまだからです。個別支援は、社会福祉専門職の力量に関わり、その質が左右されます。

しかし、援助の基本的原則を、知識の上でも、技術の上でも習得することが大切であり、その上で、専門性の高い、利用者に信頼される援助者になることができるのです。このことをふまえ、高齢者への援助についてふれたいと思います。

高齢者への個別的な援助技術の原則として、いかなる介護状態にあっても高齢者の自尊心と生活の質は十分担保されなければなりません。そのためには、以下のことに十分留意することが必要です。

① 高齢者個人への心理的アプローチとともに、高齢者が置かれている状況に対するアプローチが必要であること。

② 高齢者は長い生活を通して築かれた生活様式と価値観をもっており、洞察によるパーソナリティの変容をはかるより、むしろ現実の認識を変えて適応を促進することが有効な場合が少なくないこと。

③ 言語的コミュニケーション以上に、非言語的コミュニケーションが有効な場合が少なく

ないこと。

④高齢者は過去の回想を繰り返すことがあるが、問題とされている過去を認識するとともに現在の高齢者の存在を受容するためにも、昔話は有効な手段であること。

⑤高齢者の関わりの中で、ワーカーやカウンセラーは今後の方向を決定しなければならないこともあるが、可能なかぎり高齢者を処遇のプロセスに主体的に参加させ、高齢者の自己決定を尊重すること。

⑥生理的機能の低下と、今までの社会的役割を失って依存的になっている高齢者に対して価値を強制するのではなく、受容的・支持的態度が重要であること。

⑦生命・生活の質を可能な限り高い水準で維持できるように援助すること。

働く誇り——社会福祉従事者として、「社会福祉士」として

今、社会福祉専門職の養成教育の充実が図られ、社会に求められる人材と、養成機関の役割の溝を埋めようとする試みが始められています。特に社会福祉士は、社会福祉士及び介護福祉士法に基づき、「専門的知識及び技術をもって、身体上もしくは精神上の障害があること、または環境上の理由により日常生活を営むのに支障がある者の福祉に関する相談に応じ、助言、指導、その他の援助を行うことを業とする者」であり、「医師その他の医療関係者との連携を保つ」義務をもつ国の資格です。その職域は、地域包括支援センター、障害者自立支援法の相談支援事業、発達障害者支援の地域支援、地域福祉の再構築、ホームレス施策、スクールソーシャルワーカーへと着実に広がっています。また、職業として継続できる労働条件であることは、多くの社会福祉機関・団体では達成できているのです。

しかし、今、課題となっていることは、このとても大切な仕事が十分社会的に認識されていないことです。私が30年近く働いている大学は、社会福祉現場で働くたくさんの卒業生を育ててきました。卒業生が大学のブランドであり、そのことを誇りとしています。卒業生は、困難に直面する人々の杖となり、支えとなり、生きていく力となってきました。人間として、誇りをもてる仕事に従事しています。それは、生きていくことを大切にするものでもあり、それを切り捨てた今の社会を再生する、根源的な働きであると思っています。

利用者の一人ひとりを援助していく過程で、より見えてくることは、それぞれの可能性と、それぞれが持つ生命のすばらしさです。確かに、決して数値では計り知れないことであり、言葉で表現しつくせないことです。まさに生命の営みに寄り添う事実のみが、答えとなることかもしれません。

今日を生きることが明日を拓く

社会福祉専門職は、より良い生活の質を求めますが、その際、「生活の豊かさ」を重視します。生きている誇り、生かされている感動、共に生きる喜びをその人がもつことのできるように、生きていくことを支えるため、あらゆるサービスや地域資源を活用します。（岡安大仁・市川一宏編『生きる。―生きる「今」を支える医療と福祉』人間と歴史社、2004年）

高齢期は喪失の危機に直面します。仕事の定年などによって社会的役割を離れ、長年にわたって共に生きてきた配偶者や友人を失い、老化による衰えを実感して、生命や存在が失われることへの不安を抱くこともたびたびあると言われています。しかし、過去にさかのぼって、過去の事実を変えることはできないのです。

しかし今、愛着をもてる地域があり、自分がほっとできる生活があり、そして自分が生きる道程に寄り添う専門職がいることを理解できるならば、今を生きることができるのです。そして今日の生き方によって、明日への道が違ってくるばかりではなく、過去の事実は変わらなくても、過去の意味が明らかに変わるのです。そこに、新しい社会福祉の役割があると考えています。

お金を失うと生活の危機、誇りを失うと心の危機、希望を失うと存在の危機と言います。これからの社会福祉は、3つの危機に対応しようとするものです。なぜなら、それぞれが、一人の人間として切り離せないという人間理解が基本となるべきだからです。

この人間理解に立ってこそ、社会福祉の本来の役割が浮かび上がってくるのではないでしょうか。それは「知の福祉力」でもあります。

第3章 関わりによって学び、育つ教育

――キリスト教社会福祉教育の座標軸

直面する四つの危機

生きている「今」――。私は四つの危機に直面していると考えています。そして、その危機があまりにも大きいという認識をもっています。

第一に、今日、社会における価値は多様化し、既存の価値についての十分な議論をしないままに抜本的改革がなされました。その結果、確かに一定の経済的競争力は回復できましたが、それにともなう自殺、孤立、引きこもり、虐待、無差別殺戮などの社会的悲劇が後を絶たない「今」があります。「過去」と「将来」をつなぐ「今」が揺らぎ、さまざまな断絶が生まれています。将来が見えない不安の中に私たちは置かれ、その不安は想像以上に大きく、日本全国を覆っています。

第二に、援助技術や知識が高度化・専門分化し、社会福祉の専門職に利用者の姿が見えなくなってきている「今」があります。一人ひとりを理解する手段であった専門知識が、一面的な利用者理解の手段になっており、専門職が人間の全人的な姿を理解できにくくなっています。これは知識と技術のみを重視した専門性主導の明らかな弊害です。また、人間理解を進めることが学問であり、専門知識は人間理解のための手段であったはずが、今、専門知識を議論すること自体が目的になっていないでしょうか。専門知識が豊かな社会の創造に寄与できているか、日々問い続けなければなりません。

第三に、教育に携わる者が、社会の、そして個々の学生の必要性に応えてきたか、問われている「今」があります。社会の多様性に目を向けず、自分の殻に閉じこもっていないでしょうか。社会の変化に従属することが求められるのでは全くありません。教育に携わる者がその変化を理解して、学生に何をどのように語ることができているかということが問われているのです。さらに、教育機関は学生が置かれている状況を充分に把握し、学生個々の要望に応じた教育をしてきたでしょうか。自分が学んできた土壌に学生を乗せるだけでは無理があります。

第四に、キリスト教社会福祉教育を志向する教育機関は、社会福祉ニーズの変化、受験生の動向や社会福祉現場の状況、財政に対する公的支援の減少など、外部環境に強く影響を受けている「今」があります。経営努力は必要ですが、市場の大きなうねりの中で、私学としての自由性・固有性の維持が難しくなっています。多くの教育機関が淘汰される危機に直面しており、目指すべきキリスト教社会福祉教育自体の存立が問われています。

だからこそ、今、必要なことは、「過去」と「将来」の断絶を結ぶ「今」を取り戻すこと。キリスト教社会福祉教育に求められることは、「今」をどのように取り戻すかというグランドデザインを明らかにすることであると、私は思っています。そのための基本的座標軸を求めることです。本章では、主に第一、第二の問題意識を中心に述べます。第三に関しては２００６年度全国社会福祉教育セミナーのシンポジウム「社会福祉教育力を耕す・鍛える――社会福祉専門職養成の基盤強化のために――社会福祉士養成教育の立場から」の報告書を参考にしていただきたいと思います。

また、第四に関しては、別の機会で述べたいと考えております。

社会が直面する五つの断絶

①「生きること」と「生きていること」の断絶

◈インターネット世界に住む自分と実社会に住む自分

コンピュータや携帯電話が普及し、インターネット社会が確実に広がってきています。インターネット上に、いくつもの自分を組み立てる人々が増加しています。自分とは、まさに仮想の自分であり、取り換え可能な自我でもあります。現実の自分にアイデンティティーを持てず、仮想の自分に逃避する若者がいます。またインターネットの中では、匿名性が担保されるので、異常な攻撃性や犯罪性のあるコミュニケーションが飛び交います。

コンピュータの人生ゲームで繰り返される生活は空想の世界であり、自分の人生に責任を持たない。つまり、自分が選んだ結果に対していっさい責任を負わず、相手を傷つけても、また自分が傷ついても痛みがなく、電源を切れば簡単にリセットでき、今までの歩みをすべて無にして再出発することができるのです。生きている本当の自分は、どこにいるのでしょうか。生きている実態が不明確になっているのではないでしょうか。

◈ロボットは人格を持ちえるか

先日、「ケア」に関するシンポジウムで、ロボットの可能性を追求する研究者と同席する機会がありました。とても説得力のある報告で感銘を覚えましたが、いくつかの違和感を持ったことも事実でした。自分の好みの表情をもつ「頷《うなず》きロボット」が話し相手として開発されていました。応答する内容も、応答の仕方もプログラムできる。プログラムによって表情を決めることができるので、その対応に不愉快さやコンフリクトがありません。しかし、それではあまりにも寂しい。

人格の一部を構成する感情は、美しい、心地よいなどの感情を引き起こす対象ないし事象を共有することができます。場合によっては、その度合いを定量化することできる「浅い感情」と、透明な清浄感、心を打つ感動、研ぎ澄まされた感性、身に迫る切迫感などの個人差があり、定量化できそうにもない「深い感情」があります。（長田正『ロボットは人間になれるか』〈PHP新書〉PHP研究所、2005年、51頁）

現段階のロボットには深い感情を持つことができません。また相手を十分理解できていない人間がプログラムをするロボットの心は、必然的に固定化した、人間にとって都合の良い機材に過ぎないのです。

確かに機械・器具によって、人間の生活の質は向上します。しかし、機械のために人間の生活があるのではありません。科学が飛躍的に進歩した結果、科学の進歩に人間がついて行けなくなっています。ロボットをあくまで手段として考え、その限界に社会が気づく必要があります。人間と人間との関わりや、心と心のふれ合いをロボットに求めることに限界があるのです。またITはより良い生活をつくるための手段に過ぎず、IT自体が人格をもった存在ではないとともに、生活の目標でもないということを再認識する必要があります。そうでなければ、「生きること」という目標と「生きていること」という実態の隔離が生まれます。

② 「生きること」と「生きていくこと」の断絶

◆人生が見えない

エリクソンは、人生を八段階に分け、それぞれに直面し、解決すべき課題を示すとともに、各段階の連続性を主張しました。成年前期の課題は、就職・結婚・出産などの外部の価値への同化についてのコンフリクトにどのように対応するかです。また成年期の課題として、エリクソンは体力の危機、性的能力の危機、人間関係の危機、親の死、こどもの自立、友人の死、思考の危機、将来の不安をあげています。そして高齢期を心身の機能の低下、役割の喪失、死の恐怖に直面する「喪失の時代」としました。

人生の各段階において解決を目指し、自己の内面において統合を図る連続した道が人生です。したがって、連続する各発達段階において、人はまたこれからの問題になるはずの緊張を予感する。そして過去の課題に対する取り組みが不十分であると、以前と同じような緊張を再び経験するとエリクソンは指摘しています。(E・H＆J・Mエリクソン、H・Qギヴニック著／朝長正徳・朝長梨枝子共訳『老年期』"Vital Involvement in Old Age"(1986)、みすず書房、1990年、39頁)

しかし、そもそも一定の規範や基準がなければ、また生きていく過程での諸課題を認識できていなければ、このモデルを適用することは難しい。したがって、人生の各段階における課題を見出せない閉塞状態にある今、ライフサイクルのサイクルは言葉の通り永遠に回転する振り子になってしまいます。

今日の生き方の多様性は、多くの場合、従来の規範と比較した多様性であり、多様な個の成熟を目指したものではありません。それぞれが直面する課題を解決すべき人生の課題として位置づけ、その課題を達成したかどうか判断する基準や規範自体が揺らいでいるため、取り組む意欲が生まれず、絶えず個人の内面の葛藤として空回りし続け、その悪循環の中で明日が見えず、立ち止まらざるを得ないのです。

◈希望が見えない

青少年にとって人生が見えない理由の一つは、将来に向かって希望が見えないことです。ある小児科医が、多くの青年が非行に走らない四つの理由をあげました。第一は適度な忙しさ、第二は関心事があること、第三は家族や友人との心の繋がり、第四は明日への希望です。財産を失うと生活の危機、プライドを失うと心の危機、希望を失うと存在の危機と言われます。今、希望を持てず、また希望を求めてさ迷い続けている青少年は少なくありません。

なぜなら、何年もの間、生きていく選択肢を社会が狭めてきたのではないでしょうか。大きな自然に抱かれ、作物をつくり、その収穫を感謝する仕事が狭められ、限られてきている。経済がグローバル化し、海外の安い農作物が輸入された結果、日本における農業や林業は大きなダメージを受け、同様に経済の基盤を支えていた中小企業の「ものづくり」の技術は海外に流出し、中小企業の倒産とともに基礎的生産システムが脆弱化しました。もし、将来が「ワーキングプア」への道であるならば、誰が明日に希望をもてるのでしょうか。

◆自然に育まれて生きる姿が見えない

自然保護の思想を、「保全」(conservation)と「保存」(preservation)に分けることができます。これは自然保護運動の強力なリーダーであったジョン・ミューア(Jon Muir)とアメリカ合衆国森林局長官ギフォード・ピンショー(Gifford Pinchot)の20世紀初頭のダム建設に関わる論争にさかのぼることができます。保存を主張したミューアは、自然を人間の手を加えることなくそのままの存在と考え、自然自体の倫理的・美的重要性を主張しました。これに対し、保全を主張するピンショーは、「自然は人間のために存在する」と考え、自然を資源としてその使用価値を強調しました。(谷本光男「環境とバイオエシックス」、木村利人編集主幹『バイオエシックス・ハンドブック―生命倫理を超えて』法研、2003年、274~275頁)

両者の決定的な違いは自然の理解そのものの違いであり、この自然との共生をめぐる論争は今日も継続しています。しかも無秩序な保全が、地球規模の異常気象と温暖化を生み出しました。

日本の伝統文化は、自然への畏敬の文化、自然への宗教行事を大切にした文化でした。農業・林業など、第一次産業が大きな割合を占めていた時代、自然から生み出された産物が経済基盤を支え、自然との共存は不可欠でした。作物の実りへの感謝と収穫祈願としての宗教が生活の一部となっていたことは言うまでもありません。

しかし、経済至上主義は人工的な生産物に生活の価値を置き、巨大な消費社会を作り上げました。その視覚的にも、また構造的にも、自然の営みと切り離された生産物は膨大なゴミとなり、自然をむしばんでいます。また、大きな産業であった農業・林業・漁業が衰退してきた結果、山間地域、海岸地域が過疎地域となり、かつて生活の糧として植えられた竹などが山の自然を徐々に支配し、さまざまな被害が生み出されています。全国各地の中山間地域は活力を失い、自然との共存関係が崩れてきている。

いま私たちが考えなければならないことは、自然が私たちにとってどのような意味を持っているのか、また私たちの生活にどのような影響を与えているのかということです。生命の営みが自然から生み出されているという事実に立ち返らないと、人間の存在否定につながり、人工的な繁栄が多くのひずみを生み出した背後には、自然を支配できると考えた人間の過ちがあると思っています。

③「生きること」と「生かされていること」の断絶

◆冷戦状態にある自分の心

第二次世界大戦以降、長い間、政治と思想の異なる東西の諸国の間に「鉄の壁」が築かれました。そして一切の交渉を物理的に遮断しました。同様に心に壁を築き、外との関係を閉ざしている人々の問題が顕在化しています。

ひきこもる若者が増えているのです。その理由はさまざまですが、藤田氏によれば、①常に自分の快適さや快感などの感覚的なことが優先されること、②個室に閉じこもりパソコンなどの媒体で自己実現を図ること、③自己の欲求や万能感が満たされないと気が済まず、自己中心的で、他者との間で人間関係をつくる経験と力が乏しいにもかかわらず、友人と仲間になれるかに関心が集中し、挫折すると閉じこもる――といったこれらの人物に共通した特徴を指摘しています。

また、社会自体が持つ学歴偏重主義がその現実を促進し、日本の物質的、経済的豊かさがひきこもりをさらに増やすとも指摘しています。さらには、「表と裏」、「うちとそと」、「本音と建前」の日本における二重性、すなわちダブルスタンダードが周囲の目や評価の基準となり、恥の文化を形成する日本社会においては「強い恥の体験↓　一時的な撤退↓　ひきこもり」という道筋ができている。また物質的・心理的父親不在と密着した母子関係が子どもの社会性を奪い、生活空間を狭め、結果としてひきこもりの状態になると藤田氏は指摘します。（藤田博康「ひきこもりの社会的

背景」、村尾泰弘編『ひきこもる若者たち』〈現代のエスプリ別冊〉至文堂、2005年、127～138頁)

まさに、心の中は冷戦状態になっているのです。

振り返って2006年末、「人間関係の諸課題にいかに向き合うか」(「座談会」『月刊福祉』3月号、18～27頁)というテーマで座談会を行いました。障害者自立生活支援センター関係者、子どもカウンセラー、東京自殺防止センター関係者、研究者の方々との話し合いから、自殺や孤立、非行、とじこもりの要因が社会関係・家族関係・人間関係などの関わりの断絶にあり、それをもたらす深い病根が社会にあると、私は感じました。経済至上主義と物質的な豊かさの落とし穴です。

この落とし穴の中に、壁で自分を囲む私たちがいる。しかも、寂しさや悲しさ、空虚感に苦しみ、かつ将来の希望を見い出せず、心はいわゆる空洞化していながら、いやそうだからこそ壁で囲おうとするのです。生かされてきた、生かされていた、生かされているという他者との関係が閉ざされているのです。

◆人間関係を奪う社会

人間関係のトラブルを生み出す現代社会の病巣を、佐藤氏は、①ふれあいが形式的・表面的・義務的になっている人間関係の希薄化、②受けとめてもらえない、分かってもらえない関係が繰返される中で、寂しさや苦しみを心に閉じこめ、自分を語らずまわりとの関係を断ち切ってしまう人間関係の閉塞化、③テレビの映像などの中に自分の満たされない要求や願望を見い出し、疑似体験として非現実の世界と現実の世界とが交叉した世界に自分を置く人間関係の間接化、④必要な協力が求められる時であっても、個人の独自の行動のみ強まり、集団解消の方向に向かう人間関係の拡散化、⑤パラサイト化とも言いますが、自分らしさや自分の独自性を出せずに自分以外の人や集団に依拠、依存する人間関係の寄り添い化をあげています。(佐藤啓子「求められる〈人間関係力〉」佐藤啓子編『人間関係の危機と現実』〈現代のエスプリ〉至文堂、2004年、15～16頁)

◈苦しみを避け続けると他人の苦しみも理解できない

それぞれに苦しい体験や悲しい体験をしています。そしてその内容は個々人によって違います。体験を事柄としてみた時、その違いは鮮明になります。それらの体験の底に流れる感情や意味は、共通のものではないでしょうか。しかし、2900億円のおたくコミック市場の存在が象徴するように、「空想の中ですべてを忘れる」ために変装に生きる人々が増えていると言われています。その世界に生きることが目標になり、相手の苦しい体験にまったく関わらない人々が増えています。

苦しい体験をしているからこそ、その歩みに共感できるのであり、失敗に涙したことがあるからこそ、相手の涙の意味が分かるのです。そして自分が相手のことを思いやり、いたわった経験があるからこそ、相手の思いやりも分かるのです。助けられ、生かされていたことに気づくのです。

4 共に生きていく人々の間の断絶

◆コミュニティはあるのか

「コミュニティ」とは共に生き、生活していくことを目指した地域の姿を言います。そのコミュニティにおいて、孤立状態にある人々が急増しています。第二章でも述べたように、そもそも孤立は、建物・生活環境などの物理的バリアによる孤立、不必要な不安や誤解、さらには偏見による孤立、母国語などの言語の違いも含めて分かりにくい情報、またアクセスしにくく必要な情報が手に入らないことによる孤立、社会参加が高齢ゆえに制限されることやプライバシーが侵害される危険性などの、サービスの運営もしくは制度自体がもつ敷居の高さなどが重層的・複合的に組み合わされ、その発現形態は多様です。また、安村研究班は、65歳以上の孤立する高齢者の出現率を10%～15%程度と考え、年齢が高くなるにしたがって増加し、75歳以上の後期高齢者の20%が何らかの孤立状態にあると考えています。（厚生労働省・閉じこもり予防・支援についての研究班主任研究者・安村誠司　『閉じこもり予防・支援マニュアル』　2005年）

老いは避けられないことであり、老いに伴う孤独感はなかなか払拭できません。しかし、孤立はコミュニティの問題であり、コミュニティ自身が生み出す根源的な危機なのです。

◆日本に高齢者文化・障害者文化は根づいているか

いま、高齢者の生き方自体が問われてきています。と同時に、コミュニティは老いの生き方を支援するシステムを持っているかどうかも問われています。高齢者夫婦のみ世帯や一人暮らし世帯が急激に増加している今日、一人でも生きていく、老いた夫婦が生きていくことができるための相互の住民関係、さまざまな情報、保健医療福祉などの専門職の関与、手に入れやすい身の回りの物資、簡単に調理できる食材や器具、移動などのバリアフリー等々の地域資源が必要です。

家族にとどまらず、どのように地域や社会と接点を保ち、豊かな人生を志向していくか、たとえ心身の機能が衰えても、サービスの利用者として納得できる人生を保っていくことができるか、判断能力が衰えてもそれを代替するシステムをあらかじめ確保できるか——。それが問われているのです。

このように、生きていく心の術と生活の術が車の両輪となり、初めて老いの坂を登りゆく歩みが始められ、高齢者文化、一人暮らし文化として地域に定着すると思います。

このことは同時に、障害者文化についても言うことができます。「障害者のAさん」とは言われても、「住民のAさん」とは言われない。数キロ先の病院へ行くほうが、数十メートルの先の店に行くよりたやすい——。このような意見を、障害を持つ当事者の方々からよく聞きます。障害を持つ方々がその能力を活用し、個性と尊厳をもちながら、自分らしく生きていくことができる社会の建設への課題は少なくありません。

友人は言います。小さな子ども連れの親子と電車で会った時に、「見てはいけません」と注意する母親の言葉はとても傷つく。「無視されることが、もっともつらい」――と。

◈日本に他文化を受け入れる土壌はあるか

従来のように、自国の国籍を有し、定住している人のみを対象とした、限定された視点の生活保障システムには、限界が生じています。一国の施策が国際的動向の影響を受けて長期的安定を保てないという側面と、自国民以外の在住外国人の政策を考えないとその国自体が社会的に安定しないという側面とがあります。

実際に、地域社会において、生活文化の多様性を受け止められない住民と、地域での精神的安定と所属感を持てない在住外国人の間でさまざまなコンフリクトが生じています。それぞれの文化や生活様式の相違を踏まえ、在住外国人が排除されない多文化共生の社会づくりを目指すために、交流促進の場の提供、社会のさまざまな場面に参加できるための言語の壁への対応、サービス情報に関する壁への対応、文化を理解したソーシャルワーカーの養成および当事者の登用などが緊急の課題となっています。（日本学術会議特別委員会『ヒューマンセキュリティ「人間の安全保障」の構築への協力』２００３年）

◈そもそも日本に成熟した福祉文化はあったのか

ロバート・ピンカー教授に師事し、政策理論を学んだ時、ピンカー教授が日本の福祉制度を分析する際に用いた視点は、土居健郎著『甘えの構造』（弘文社）の中で一貫して述べられていた「個人と集団」との関係、そして「内と外」との関係でした。

「この分析を社会政策の問題にあてはめてみると、仕事における諸人間関係に、また仕事と企業福祉の結び付きに、いかに緊密に日本家族の価値観が丸写しで展開しているかがわかる。（筆者省略）限られた形の普遍主義的・公的サービスが日本には存在するが、これまでのところ文化の根にはほんの浅くしか衝撃を与えていない。しかしそれは企業福祉から排除された、あるいは最小限のものにしかあずかっていない労働者層にとっては最も大事なものである」（R・ピンカー「日本と英国の社会福祉」岡田藤太郎監訳　ロバート・ピンカー講演集『90年代の英国社会福祉』全国社会福祉協議会、1986年、112頁）

確かに、社会福祉現場における労働環境はこの数年、明らかに厳しくなっています。制度改革の要であるサービスの普遍化、利用者の権利の尊重、計画による効率的、効果的サービスの提供、サービス提供者の多元化、専門職の配置、権利保障システムの整備等々のシステムの改革が行われました。しかし、それと比例して社会福祉の本来の在り方が不透明になっているのではないでしょうか。社会福祉は何を目指す手段なのか——。市場の原理から生み出された問題を市場の原理で解決することはできません。公共性の視点から、公的な介入は不可欠だと思っています。

すなわち、ピンカー教授が言ったように、伝統的な家族・会社などの所属する集団に依拠して社会福祉政策が成り立っており、利用者の生活や尊厳に対する取り組みが地域生活に根づいていなかった。互いの違いを認め合い、共に生きる社会を目指すという福祉文化が日本社会に定着していなかったのではないでしょうか。

5 問われている専門性――利用者と専門職の断絶

◈社会福祉専門職の使命は何だったのか

専門職は利用者の生活の豊かさにどのように貢献できていたのでしょうか。

いま、「生きる」一人の人間の姿と専門職が見る利用者の姿の狭間がなかなか埋まらないという指摘が、利用者の決定的な不満と結びついています。悲しみや痛みを感じ、喜びや感動する心を抱き、自分らしく生きたいと葛藤し、人間としての誇りを生きる糧とし、安心する心の拠り所を求めさ迷う――そうした人生を一歩一歩積み重ねて生き抜いてきた利用者の「生きる」場を、社会福祉はどのように提供してきたでしょうか。

老人ホームの第三者苦情対応委員をしていたとき、高齢者からの苦情についてヒアリングをするために利用者の個室に行って、がく然としました。その部屋には生活の息吹が感じられなかったからです。テープレコーダー、テレビ、少しの食器――。高齢者の方の生活をお聞きして、戦災で親をなくし、養護施設に入所し、また救護施設などの入所施設での生活が長かったこと、さらに職を転々とし、最後が山谷での生活になったことについてお聞きしました。人生の長い期間、いわゆる福祉施設で生活する中で、生きていくために必要とされなかった楽しみ、ゆとりなどの文化的な雰囲気が私には見えなかった。本人の生活の個性を軽視していた処遇の結果が「今」に続いているのではないでしょうか。ご本人の生活のご苦労をお聞きする中で、一つの大きな福祉の落とし穴に気がつきました。

◈システムが生み出す専門性の危機

サービスや援助の専門性が高度化し、かつ専門分化してきた結果、専門職は利用者の人間としての全体像を見ることなく、個々の専門性の関心事にのみ集中する危険性があります。例えば、医療事故の大きな原因の一つは、業務の細分化であるとされています。またシステムとして、大病院、各種病院、開業医の役割が位置づけられると、安定性は向上するが、事態に応じた機動性は必ずしも万全であるとは言えません。

1999年、自転車に乗った女子高生が歩行者と接触して転倒し、市バスに轢かれました。しかし、東北大学病院前であったにもかかわらず、少女は目の前の病院に行くことなく、ほかに移送され、結果として死亡しました。それから毎日、玄関に花が手向けられていると聞いています。

(色平哲郎・山岡淳一郎著『命に値段がつく日』中央公論新社、2005年、33〜37頁)

情報管理システムはコンピュータの導入によって飛躍的に向上しました。しかし、医師は患者に向かうよりコンピュータに向かう時間のほうが長いと言われます。医師はデータを見ると患者が分かるが、その人を見ても誰だか分からない。また、仕事の根拠となる制度、帰属する組織に制約され、また自分が所属する職能団体の利益のみを優先させる危険性もあるのです。

「何のためにこの仕事に着いたか」——。その原点と現実との溝があるならば、その溝をどのように埋めるかが、私たちに求められているのです。そして、そもそも専門職の役割は何かという本質的問いかけがなされている。第一章に対談が掲載されているバルア医師は言います。「人間の心はレントゲンには映らない」——と。

◈誰の命か

命や生活の問題を専門職に任せてしまったのではないでしょうか。誰にとっての命か、見失われてしまいました。

交通事故などで生命保険の算定が行われる際、相手の過失で命を失ったときの賠償を求める基準は、「被害者は数字の上では死亡しても「生き続ける」と想定され、67歳まで働き続けると考えられています。生活費は生きるための必要経費ですから、基準額から除かれます。また収入には課税されません。この場合の「命」とは、きわめて解剖学的・生物学的な意味の命です。経済生活に位置づけて算定する「計算上の命」です。ここでは生命の「生」が付きません。（山本善明『命の値段』〈講談社＋α新書〉講談社、２００１年、第二章）

「生体移植」においても、もっとも発言したいであろう、発言すべき提供者が脳死状態にあり、発言できないという事態に直面する場合があります。しかし少なくとも、その生命のありようを決定するのは医師ではありません。サービスの利用者に対しては、その同意や選択を重視しようという考え方が受け入れられてきています。

すなわち「インフォームド・チョイス」とは、利用者に対してサービスに関する複数の適切な情報を提供して、利用者の十分な理解の上でその決定を利用者に委ねようという考え方です。あくまでサービスを受け、その利益や不利益を享受するのは当事者である利用者であり、その意思は最大限尊重されなければなりません。また同時にサービスの内容や手続き、費用などについて十分に説明を受け、患者の同意の上で医療行為を行うという「インフォームド・コンセント」の考え方も医療に限らず、社会福祉においても重視されます。しかしその伝える内容、時、場所、相手、その後のフォローと支援のネットワークなど、十分配慮する必要があるものの、一方的に医師などの専門職の判断に委ねられてしまうことも少なくありません。

専門職は絶対ではなく、それぞれの決定の理由と根拠を説明する責任が課せられているのです。

◈**取り組んでいる生活課題の深刻さと従事者の混迷**

社会福祉士を含め、社会福祉従事者の役割が不明確な職場においては、働くというアイデンティティー自体の危機に直面しています。例えば**図1**のように、クライアントとの関係のとり方に自信を持っているかというと、「どちらともいえない」や「あまりそうは思わない」と回答した

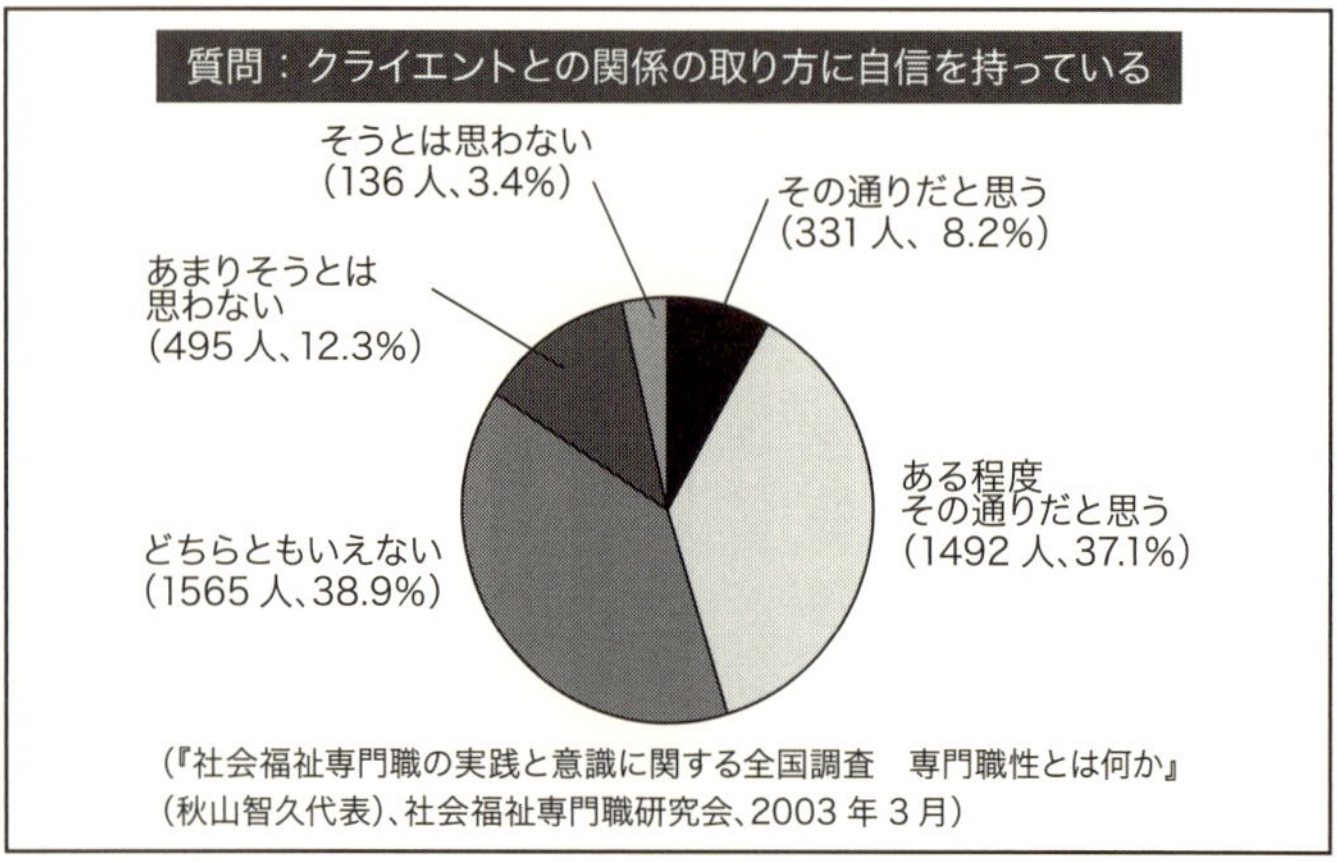

（『社会福祉専門職の実践と意識に関する全国調査　専門職性とは何か』（秋山智久代表）、社会福祉専門職研究会、2003年3月）

図1　クライアントとの関係

職員が半数でした。専門職自体が、利用者がもっている多様な生活課題への対応に困っている、戸惑っている現状が他の調査でも随所に見られます。

解決困難な問題に直面して、それを一人で背負っているのではないでしょうか。専門職の拠るべき所が揺らいでいるのです。本来、共に歩むべき専門職が解決困難な問題に直面し、たじろぎ、そして自らその職を去る。多くの専門職が、「何のために」と同時に、「どのように」という問いに答えなければならないと思います。

キリスト教社会福祉教育のグランドデザイン

以上の課題に対して、ここでは「キリスト教社会福祉教育のグランドデザイン」というテーマに沿って、人間の価値という本質論に絞って検討します。

確かに、社会福祉に関する制度改革が行われ、経済性・効率性・効果性の視点から社会福祉供給システムの抜本的再編が行われました。その意義は大きい。しかし、さまざまなコンフリクトが生じたことは明らかです。例えば、規制緩和は事前チェックを緩めましたが、その結果、コムスンに象徴される利用者の被害は減少しません。規制緩和には新たな規制が必要だと思っています。

また、社会福祉のすべての分野に市場の原則を導入することは無理ですし、してはならないと思います。市場経済システムから排除された、もしくは市場経済システムのもとにおいて、生活を続けていくこと自体が不安定な人々に対する取り組みは市場に任せるのではなく、国・行政の責任で対応すべきことです。市場に裁判官はできません。

諸改革を総体として見ると、社会福祉そのものの役割、目指す日本社会像そのものの議論が不可欠となっています。2000年代前半の改革は、改革の意味を、「目の前の改革の抵抗勢力に対する戦いである」としましたが、その後の社会を描いていません。このことは社会福祉に限らず、教育においても同様です。

振り返ってキリスト教主義施設や教育機関は、これらの改革に対して十分な発言をしてきたでしょうか。ミッションと現実の現場のギャップを埋めきらずに理念先行型になった結果、実質的な議論に参加することが十分できなかったのではないでしょうか。

さらに、「社会が直面する五つの断絶」のところで述べた課題は、大きな社会変動・地殻変動を意味しています。従来の社会福祉の議論にとどまらない議論が必要であり、「今」をこの手でたぐり寄せなければ、明日は見えてきません。

エルムスハースト・カレッジに建てられた、ニーバーの記念碑に刻まれた「冷静を求める祈り」に立ち返ることが必要です。

「神よ、変えることのできない事柄については受け入れる冷静さを、変えるべき事柄については変える勇気を、そしてそれら二つを見分ける知恵をわれらに与えたまえ」（チャールズ・C・ブラウン著／高橋義文訳『ニーバーとその時代』聖学院大学出版会、2004年、388頁）という名句の意味が切に、切に問われているのです。

その上で、自分の生き様が相手に対する援助に影響を与えるという基本的視点に立って「座標軸」を考えていきたい。なぜなら、自身の素養だけでなく、学びや経験が援助の最終的な決断を促すと考えるからです。その意味で、専門的知識と技術は援助者の生き方、一人の人間としての生き様に大きく左右されると考えています。

1 生命の鼓動と尊厳を学ぶ教育

◆自分は誰なのか

さまざまな関わりを通して、実物大の「自分」を知ることが必要です。例えば、自分自身が知っている自分と他者が知っている自分、そして自分も他者も知らない自分があります。「四象限」で考えるならば、「第一象限」は自分のみが知っている自分、「第二象限」は自分も他者も知っている

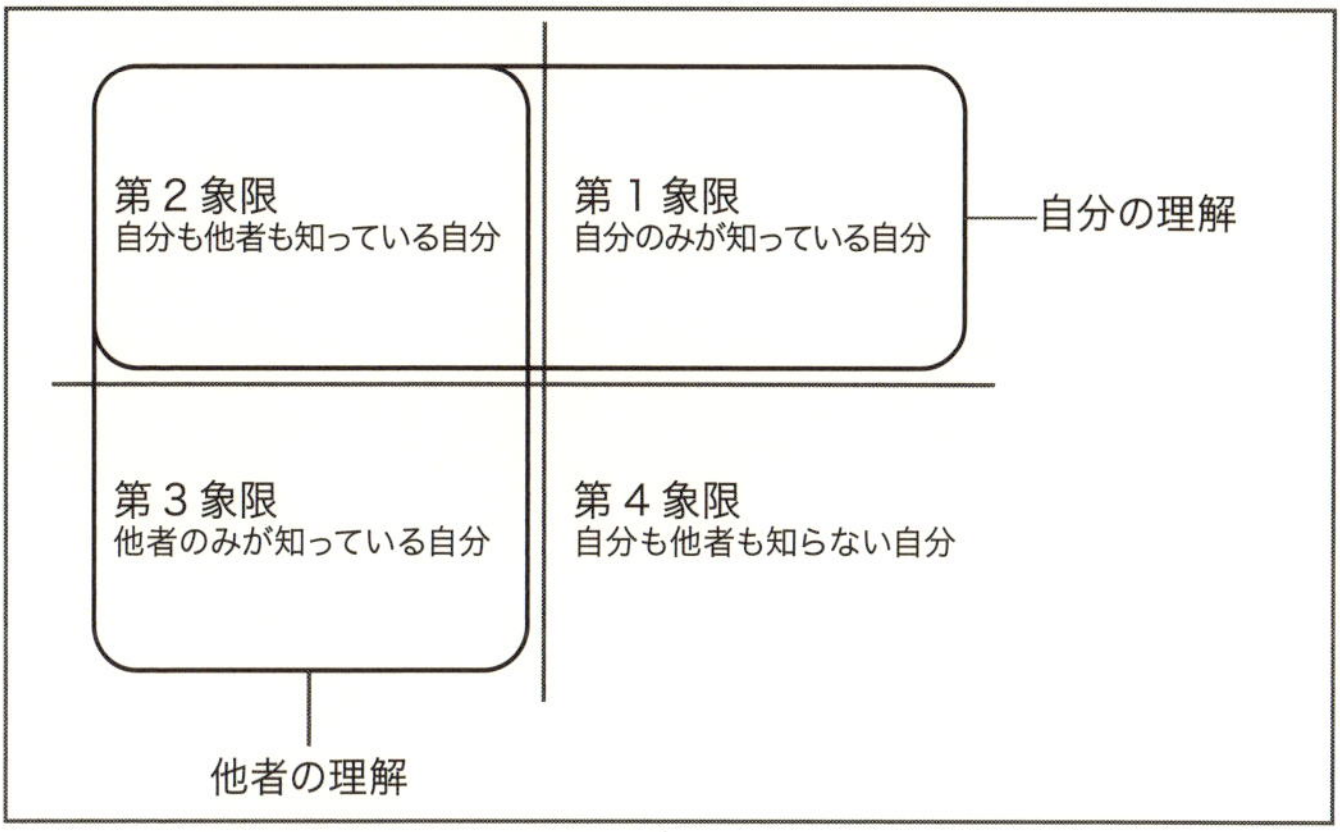

図２　自己理解（色平哲郎氏による指摘）

自分、「第三象限」は他者のみが知っている自分、「第四象限」は自分も他者も知らない自分です（**図2**）。第一象限と第二象限、そして第三象限と第二象限が大きくずれていると、自分のアイデンティティの揺らぎを生み出します。さまざまな挑戦と成功、そして失敗は「第四象限」の自分を強化することにも繋がり、困難な事態に対し、安定した取り組みを可能にさせます。

　このような四つの「象限」の自分自身を、人間関係、社会関係、自然との対話等々を通して知る作業がそれぞれに必要となっているのではないでしょうか。失敗から学ぶことは多く、人と人の確執が互いの存在の認識とその理解に繋がらないならば、それは憎しみの連鎖に過ぎません。とりわけ、いま私たちは集団と自己の間で揺り動いていないでしょうか。それは帰属と自律の問題でもあるのです。「あの人は浮いている」とよく使われますが、英語に訳すことが私にはできません。善悪は別にして、日本特有の文化があるのです。

◈神から祝福されないで生まれてきた生命はない

その人が価値をもっているかを判断したがるのは、人間自身です。市場の原理から見ると生産性が重要視されます。利益が尊重され、事業の価値が判断される。しかし他方、経済的に利益を上げないこと、すなわち生産的でないことが非価値となり、市場システムからの退却を求められるのです。このように価値と非価値と対比され、善と悪の考え方に結びつくとき、それは排除となり、スティグマ（差別の烙印）が生まれる。すなわち、経済的な無価値を排除する社会を生み出す価値そのものが問われているのです。

「わたしの目にあなたは価高く　貴く　わたしはあなたを愛し　あなたの身代わりとして人を与え　国々をあなたの魂の代わりとする」（イザヤ43・4）

という聖句に立ち返るならば、存在と価値は不可分であり、その存在自体が価値となります。

◈それぞれが放つ命の輝き

日々の出来事から「生命の鼓動」を学ぶことができます。諏訪中央病院医師である鎌田實《かまたみのる》氏は、多くの人に読まれた『がんばらない』の続刊の『あきらめない』という本の中で、ガンで余命の限られた人々の生き方を語っています。

子どもの卒業式に出たい、少しでも子どものそばにいて支えてあげたい、子どものために残された時を生きたいと強い思いを持ち、残された体力で子どもにおにぎりの弁当をつくった母親——。それを知っていた子どもたちの思いが、母親の生命を通して光っています。母親の思いを知って、精一杯一緒に歩んだ医師、看護師等々がいて、その人々の思いが生命を通して光っている。鎌田医師はそれを「命の輝き」と書きました。(鎌田實『あきらめない』集英社、2003年、258~276頁)

「あんなに人に迷惑をかけてまで生に執着するなんてエゴだ」という言葉からは、懸命に生きている人が放つ輝きは理解できないでしょう。生命の鼓動、人間を理解するための教材は、私たちの日々の生活の中にあるのです。

◈命を宿らせる神の息

「主なる神は、土(アダマ)の塵で人(アダム)を形づくり、その鼻に命の息を吹き入れられた。人はこうして生きる者となった」と創世記2章7節に書かれています。「命の息」とはまさにスピリットであり、スピリチュアリティの原意です。

「弱さを担う、土(アダマ)の器でありながら、神の息が与えられるとき、そこに命が宿るという人間観は、狭義での宗教教義を越えて、きわめて普遍的かつ今日的意味をもつのではないでしょうか」——。(阿部志郎日本キリスト教社会福祉学会会長・実践会議代表「21世紀キリスト教社会福祉実践会議第4回大会巻頭言)すなわち、神から命が与えられ、生きることが許され、目に見えない神の御手に導かれて生きていくことの意味を確認することが必要です。

② 生き方――生きていくことの意味を学ぶ教育

◆人生に停年はない

「人生に停年はない」というコラムを掲載しています。私が、日々の生活の中で出会う高齢の方々を思い、書き留めたものです。私が、あえて定年ではなく、停年と書きましたのには、理由があります。仕事の定年は、雇用契約上に規定された一定の年齢を言います。しかし、人生は、それぞれが生きていくプロセスであり、縦軸のものです。それぞれに、意識して取り組まなければならない課題があり、その取り組みを通して、自分を知り、他者の支えを知る。

自分のことで恐縮ですが、父が脳硬塞で突然倒れ、緊急入院し、危険な状態に陥りました。医者からは、回復する可能性は20％。しかも障害が残ると告げられましたが、母は、20％の成功率にかけたのでした。そして、3ヶ月後、意識を回復させることなく、父は天に召されました。母に十分な看病の時を与えてくれたことを母自身満足しています。それこそ、父の優しさだったと言えるかもしれません。そして、母の看病を支えた医療、福祉関係者がいたことも、良く知っています。

カトリック教会カリタスジャパンは、人々の生活の営みを大切に記し、いのちの大切さについて理解を広げるため、『叫び』『ひびき』『つなぐ』等の証言集を発刊しています。そこから、一つの例を紹介します。関東のあるところで、生まれて間もない子どもが、捨てられていました。子どもは、成長する過程で、自分の原点を探し求めました。誰が親なのか、なぜ自分を捨てたのか。その問いは、本人にとって決して避けては通れないことでした。しかし、その答えは見つかりません。悲しみに沈み、ある神父に相談したそうです。神父は、「君は、捨てられたのではない。生き残ったのだ」と言われたそうです。私にとっても、衝撃的な言葉です。私は、神父がおっしゃった言葉の意味を考え続けています。

それぞれには、それぞれの時がある。課題がある。それを見つけ、追い求めていくことに誰が寄り添っていくことができるか、人間教育の一つの原点ではないでしょうか。

◆自然に育まれる体験

2007年3月、まだ雪の残る福井県美浜市立新庄小学校を訪問しました。生徒は育てた菊を配り、収穫したしいたけを高齢の方々と一緒に食べ、涙を流して喜ぶ方々の気持ちを心の中に蓄え、共に生きていくことの大切さを学びます。自然の豊かさを肌で感じ、創る喜び、働く喜びを体感する。「地域」は生徒が育つ場であり、生きる自信を生み出す場です。

消費社会にとどまるのではなく、生産していくこと、自然の豊かさと厳しさに直面し、その大きな力に畏敬の念を育てながら、農作物をつくり出していくその体験があるからこそ、自然から癒しのエネルギーを受けることができるのではないでしょうか。

3 共感（コンパッション）を生み出す教育

◈コンパッション

「パッション」（情熱、受難、苦悩）はラテン語の pati の過去形 passus「苦しむ、耐える」を語源とします。com は「cum」、「一緒」の古形とされています。「神による憐れみ」とも訳されますが、この社会においては「互いの共感」と訳したいと思っています。なお、イエスを wounded healer と考えることができないでしょうか。「wounded healer」とは、専門職者としての関係の距離を強調する伝統的な方法から、人々が求めているのは援助者との親しい関係（intimacy）であるとの捉え方です。（日本キリスト教社会福祉学会「神学と社会福祉学からみるキリスト教社会福祉」研究会（ディアコニア研究会）　２００３年11月、米田綾子報告「弱さの神学」）

「疲れた者、重荷を負う者は、だれでもわたしのもとに来なさい。休ませてあげよう」（マタイ・11・28）と記されているように、社会秩序から生を考えるのではなく、その人の痛みから出る社会を考え、共に歩むためには人生の喜びを、生きていく希望を共に確認することが必要です。そしてその希望は、まぶしく、光り輝やくものというよりは、互いの尊さと、共に生きていく術を確認していく、自分の存在の拠り所であり、自分も癒され、明日を切り拓く力を養う所であると思っています。

神は苦しむ人間の姿を見て、見逃さず駆け寄り、寄り添い、その痛みを背負って下さる方であることから強い共感が生まれる。神と同じように人々の苦しむ姿に共感して駆け寄るならば、神を信じる信じないにかかわらず、意識するとしないとにかかわらず、神と結ばれた共に歩む隣人なのです。

④ 共生――共に今を築き、共に明日を目指すことを学ぶ教育

◆苦しみを起点に

苦しみを避け続けると他人の苦しみも理解できないと言いました。そのため、苦しいことを苦しいと理解できる目と心、そしてそれを自分なりに受けとめられる術、その術を身につける過程で寄り添っていた人々、背負っていた神の存在理解が大切であると考えています。

苦しみを「苦難」と言い換えると、岡山孝太郎氏は、苦難の三つの側面を指摘します。

第一に、苦難は万人共有の性格をもつ、

第二に、苦難は現状の閉塞状況からの脱出と開放を目指している、

第三に、それゆえ未来を志向する変革の力として信頼と愛と希望を選択するもの、

として理解できます。そしてまさに苦難に直面する人々の「苦難の共同体」の存在と、神のとりなしを私たちは確認できるのではないでしょうか。（岡山孝太郎「生命の意味を問う」、安平公夫監修、竹中正夫・郷原憲一編『生命の意味Ⅰ』思文閣出版、１９９２年、１２４〜１２５頁）

◆連帯を目指す

「他の人のためにいる、人類という家族の中で兄弟姉妹という共に深く連帯して生きるという、静かな喜びです。たいていこれは、弱く、砕かれ、傷ついた中での連帯です。けれども、それが私たちを喜びの中心にいざなってくれます。それは、他の人々と共に私たちが人間であることを分かち合う喜びです」（ナウエン著／嶋本操監修、河田正雄訳『今日のパン、明日の糧』聖公会出版、２００1年、67頁）――この連帯の中に、明日の希望が生み出されるのです。

このような自分にふさわしい居場所が、生活する地域にあるでしょうか。そもそも地域に対する愛着、アイデンティティー、相互の関わりがないところにコミュニティは存在しません。専門職はそのような場を必要とする人とともに創ってきたでしょうか。

「苦しみを起点に、連帯を目指した教育」を志向するキリスト教社会福祉教育は、もはや教室の中にとどまることをしません。連帯する人々と共に学び、育つ場所を提供することが求められているのです。

キリスト教社会福祉教育にとって、キリスト教教育を軸としたプログラムの重要性は議論の余地がありません。しかし、キリスト教教育の聖書理解、隣人愛の理解が専門職教育として求められている価値に関する教育と合っているのか、既存の学問領域に拘束されていないか、学ぶ者と生活者の視点が取り入れられているか、などの問いに答えていくことが必要になっています。

5 使命――社会福祉の働きを担う意味と使命を学ぶ教育

◈先人から学ぶ

技術や知識は目的があって初めて活かされるのであって、使命と目的、そして働く誇りを確認できること、「どのように生きるかだけではなく、何のために生きるか」、そして「どのように援助するかだけでなく、何のために援助するか」を学ぶ機会を提供することが重要です。このことをカナダ・メソジスト教会と宣教師の働きから学んでみたいと思います。

カナダ・メソジストは、１７６５年のアイルランド自由伝道者を起源とし、１８３３年のブリティッシュ・ウエステリアン教会から派遣された宣教師との間に合意が成立し、カナダ・ウエステリアン・メソジスト教会が誕生し、１８７４年、他の同系教会と合同「カナダ・メソジスト教会」と命名しました。

宣教師の働きは、伝道（教会形成）、教育（女子教育、幼児教育など）、福祉（孤児院、社会事業）、文書活動、農村伝道（農民福音学校、社会教区）へと広がります。しかも、その地域の文化活動を尊重し、例えばダニエル・ノルマン（１８６４～１９４１年）は、長野県を拠点に農民伝道、文書伝道をするとともに、県民の文化発展のために他宗教と協力して尽くしたと言われています。ララ物資の責任者であったバット博士は、まさに日本における社会事業の開拓者、推進者でした。

なぜ宣教師は広く伝道、教育、福祉などを進めたのでしょうか。理由の一つは、信仰に導かれた自然な行いであったと思います。

「本当の意味での宗教は、ただ単なる在り方の問題だけではない。それはむしろ行為・生き方の問題である。神の恩寵によって内側が確立された者は、外に向かって生き出し、人と人との間に平和を作り出し、そういう生き方・生き様を通して、他の人を神の方に魅してゆくのである」「〈神は我らと偕にいます〉ということだけではなく、〈神は我らと偕に生き給う〉ということであった」（ウイリアム・R・キャノン『ジョン・ウェスレーの神学に於ける救済論』更新伝道会、２００１年、26～32頁）

このジョン・ウェスレーの言葉から、信仰と行いがきわめて密接に結びついていることが示唆されます。

◈私たち自身の原点を問う

第一に、教育の目的として、専門職である前に一人の人間であって欲しいと私は学生諸君に言っています。カルテや記録の裏にその人の人生があるとよく言われます。その人生を見て、初めてその人を理解できるからです。

第二に、いつも使命に立ち返る専門職になって欲しい。すなわち、知識、方法・技術は目的があって初めて活かされるからです。そのため、「どのように援助するかだけでなく、何のために援助するか」ということを学ぶ機会を、絶えず学ぶ術を提供することが必要であると思っています。

そして第三に、キリスト教社会福祉教育の独自性が第一義的に述べられるべきではないと思います。スタートラインは、そこに苦しみ、悩み、悲しむ人がいるという現実であり、その事実にどのように取り組むかという方向の先にキリスト教社会福祉教育の姿が浮かび上がってくるのではないでしょうか。

重ねて述べますが、神は苦しむ人間の姿を見て、見逃さず駆け寄り、寄り添い、その痛みを背負って下さる方であることから、強い共感が生まれる。神と同じように人々の苦しむ姿に共感して駆け寄るならば、神を信じる信じないにかかわらず、意識するとしないとに関わらず、神と結ばれた共に歩む隣人であるのです。

キリスト教社会福祉教育の座標軸に必要なこと

キリスト教社会福祉教育の座標軸は、①自己理解、人間理解、生命の鼓動と尊厳を学ぶ教育(生命)、②生きていくことの意味を学ぶ教育(生き方)、③共感(コンパッション)を生み出す教育、④共に今を築き、共に明日を目指すことを学ぶ教育(共生)の４つをヨコ軸に置き、その中心にタテ軸のキリストの愛を置く。タテ軸とヨコ軸が重なったところが、⑤社会福祉の働きを担う意味と使命を学ぶ教育(使命)となる十字架であると考えています。

振り返って私は、その十字架を見つめて教育をしているのでしょうか。学んでいる者の要望や必要とされていることに十分応えているのでしょうか。なかなか答えられない自分がいます。

時として私は、目に見え、心を揺らし、体で感じることに煩わされ、惑わされ、大切なことを見失ってしまう。例えば100人の卒業生を社会に巣立たせると、100の喜びとともに200の心配と10の悲しみもある。これが果てしなく繰り返されていくのです。

2007年3月に、第一線の医療福祉現場で働いていた教え子を、そして6月には、大学で一緒に育ち、10年前に社会に送り出した大切な教え子を病で失いました。すさまじい闘病生活でした。せめてもと、彼女が好きだった大学に咲く花を届けていましたが、日々やせ衰える姿に、見舞うことによって彼女が辛くなると思い、見舞いをある教員に託しました。その教員も本当に苦しみながら、つらい思いを精一杯隠して見舞ってくれました。

私は彼女から、彼女の人生の最後までたくさんのことを教えてもらいましたが、今をもってそれを捉え切れていません。その最後を私が納得していないのです。一人の人生の苦しみの中で、私はただの傍観者に過ぎないかも知れません。確かに人生の歩みの中で直面することに、何一つむだなことはないと言われますが、しかし死の直前にあって、苦しみ、痛みを抱えながら生き続けてきた彼女の姿と出会って、それは私の目からはあまりにも理不尽な出来事なのです。

浅野順一氏は、ヨブ記について書かれた書物の中で、生活や心の中に穴が開いており、そこから冷たい隙間風が吹き込んで来ると言っています。そして、その穴から何が見えるか。穴の開いていない時には見えないものがその穴を通して見える。貧しきこと、悲しむこと、義のために迫害されることはそのままでは幸福に結びつかない。それは穴を埋めるだけでなく、むしろ穴を通して何かを見る、そのことによって不幸が幸福に変えられるのであって、ここに宗教のもつ逆説が成立する（浅野順一『ヨブ記』〈岩波新書〉岩波書店、1968年、23〜27頁）と述べています。

私は最近、気がつくことがありました。キリストの手には、十字架に付けられた時の傷跡があったことを……。

福田垂穂先生は礼拝のメッセージの最中に倒れられました。新約聖書ルカによる福音書10章25節から37節の良きサマリア人の譬えを聖句として用いられていた先生は、最後に「頭の中では知っている人でも、ある状況に接した時、思わずそこに近寄って……」というお言葉を残されました。この精神に誠に立ち返ってキリストの愛を実践し、キリスト教社会福祉教育の座標軸にキリストの姿を浮かび上がらせることができた時に、このテーマを実現できると私は思っています。

コラム 世の光

「あなたがたは世の光である。山の上にある町は、隠れることができない。また、ともし火をともして升の下に置く者はいない。燭台の上に置く。そうすれば、家の中のものすべてを照らすのである。」

（マタイによる福音書第5章第14節・15節）

約40年前、教会主催のボランティアに参加したことが、私の人生の方向を大きく変えた。当時、知的障害の方に会うことはほとんどなかった。しかし出会いは、凍った心を解かす。知り合おうとする気持ちが、コミュニケーションを創り出す。そして、彼らの生活を施設に閉じこめていた社会の現実に気がついたのである。その時、私は知的障害者の父と言われる糸賀一雄氏の言葉と実践に出会った。「この子らに世の光を」ではなく、「この子らを世の光に」というメッセージに衝撃を受けた。障害をもつ人が、その人らしく生きていくことができる社会こそ、私たちが目指すべき社会であるとの主張に共感を覚えた。

今、家の扉が堅く閉められ、塀で囲まれる。学校や職場と家庭の間に、ほっとできる居場所がない。そのため、孤立が多くの深刻な問題を引き起こしている。だから、実際に生活する場であるコミュニティを見直さなくては。本来、コミュニティとは、住民同士が出会い、それぞれが抱く痛みを学び、互いを認め合い、共生していくための合意を築く場であるはず。そして、誰もがそれぞれに痛みをもち、弱さがあるという事実を共に確認したい。そんな人間同士が、共感し、関わりによって目覚め、自分らしさや持ち味を獲得していく。ヘンリー・ナウエンは、人間がもつ弱さを、「創造的な弱さ(creative weakness)」と言った。

私は、この人間理解を世の光としたい。

（キリスト新聞、2006年12月25日）

第4章 生きる意味——若い君たちへのメッセージ

生命の鼓動

わたしの目にあなたは価高く　貴く　わたしはあなたを愛し　あなたの身代わりとして人を与え　国々をあなたの魂の代わりとする。
（イザヤ43・4）

聖書が書かれたイザヤの時代とは、アッシリアとバビロニアによる世界制覇が始まった時代です。かつての支配者エジプトは衰退しつつあり、北からの勢力が拡大を始めました。アッシリアは抵抗する者を皆殺しにし、町や村を破壊し尽くし、その指導者層を連れ去り捕虜としました。まさに、当時のイスラエルは存在の危機に直面したのです。

その過酷な現実にあって、予言者イザヤとそれを継承する者たちが一人ひとりに対して語っています。「わたしの目にあなたは価高く　貴く　わたしはあなたを愛し」と。

そもそも、生きる命と書く「生命」とは、どのような意味をもっているのでしょうか。

フランスのオルセー美術館を訪問した際、ゴッホやルノアールなどの数々の名画が並べられている中で、私がもっとも感動した絵はミレーの『晩鐘』でした。そこに描かれた、収穫が終わり、日が沈むなかで祈りを捧げていた農夫たちの姿からは、自然に抱かれ、食物を創り出す生命の鼓動が伝わってきたものです。

また、私は高齢の方々から多くのことを学びます。先日、92歳で亡くなられた方は、私にとっての恩人でした。確かに高齢者は、市場経済の視点から見ると、商品を生産する力は乏しく、富を生み出す力は低下しています。しかし、老いても他者のために祈り、日々を感謝し続けたその方は、生命の可能性を、生命の偉大さを、生き続けていくことの大切さを、私たちに確信させるに十分な存在でした。そのことを再確認し、私は感謝をもってお別れをしました。これからみなさんが出会う人々、共に歩もうとする人々の存在はかけがえのない存在なのであって、皆さんが助けていると思っていたら、実は助けられていたことに気が付くでしょう。

このように「生命」とは、自分の意志を持って、誇りを持って生き抜いていくという、人間の尊厳をめぐる重要な意味を持っているのです。現代社会は空虚な消費社会をつくりあげ、人間の生命の尊厳を軽視しました。経済的生産活動を優先させ、その人らしい生活や生きる力をおろそかにしています。たくさんの大切なことを捨て去ってしまった時代――。だからこそ、生きる命と書く「生命」の価値とその意味を問うことが必要なのです。

この問いに対し、自分のすさまじい経験を通して答えを見いだした人がいます。その人は、ヴィクトール・E・フランクルという精神科医です。フランクルは第二次世界大戦中、ナチスによって「アウシュビッツ」の強制収容所に入れられました。アウシュビッツでの生活の悲惨さは、私たちの想像を絶するものでした。アウシュビッツでは、収容された者は到着するとすぐに持ち物すべてを取り上げられ、身分を証明するものを一切失います（ヴィクトール・E・フランクル著／池田香代子訳『夜と霧　新版』みすず書房、２００２年、4～5頁）。つまり、それまでの人生をすべてなかったことにされるのです（同、22頁）。唯一、収容者に付けられた番号だけが個人を識別する手段となります。

収容された人々は、最初に異常な精神状態に追いやられます。そして恐怖に怯え、劣悪な環境に戸惑い絶望したのです。まさに自分の存在への危機に直面するのです。さらに、数週間を収容所で生き、フランクルの言う第二段階に入った者は、苦しむ人間、病人、瀕死の人間、死者のすべてが見慣れた光景になり、心がマヒしてしまいます。感情が失われ、内面の冷淡さと無関心が心のなかに広がっていくのです。毎日殴られることに対しても、何も感じなくなりました（同、35～37頁）。すべての努力、そしてそれに伴うすべての感情生活はたったひとつの課題に集中します。つまり、ただひたすら生命を、自分の生命を、そして仲間の生命を守ることに向けられていきました（同、45頁）。

しかし、この異常な事態にあって、フランクルは二つのことを体験しました。

一つは、この異常な状態で朝を迎えたとき、昇る日の出の美しさに気づき、感動する。そして、昇る太陽の美しさが愛する人の存在を思い出させたのでした。フランクルの言葉を少し書き記したいと思います。

「わたしはときおり空を仰いだ。星の輝きが薄れ、分厚い黒雲の向こうに朝焼けが始まっていた。今この瞬間、わたしの心はある人の面影に占められていた。精神がこれほどいきいきと面影を想像するとは、以前のごくまっとうな生活では思いもよらなかった。わたしは妻と語っているような気がした。妻が答えるのが聞こえ、微笑むのが見えた。まなざしでうながし、励ますのが見えた。妻がここにいようがいまいが、その微笑みは、たった今昇ってきた太陽よりも明るくわたしを照らした。

そのとき、ある思いがわたしを貫いた。（中略）愛により、愛のなかへと救われること！　人は、この世に、もはやなにも残されていなくとも、心の奥底で愛する人の面影に思いをこらせば、ほんのいっときにせよ至福の境地になれるということを、わたしは理解したのだ。

収容所に入れられ、なにかをして自己実現する道を断たれるという、思いつくかぎりでもっとも悲惨な状況、できるのはただこの耐えがたい苦痛に耐えることしかない状況にあっても、人は内に秘めた愛する人のまなざしや愛する人の面影を精神力で呼び出すことにより、満たされることができるのだ。」（同、60〜61頁）

フランクルは、まさに愛する人への思い、愛することの意味をすさまじい現実のなかで理解したのでした。第二に、フランクルは生きる意味について、こう考えました。

「私たちが〈生きる意味があるか〉と問うのは、はじめから誤っているのです。つまり、私たちは、生きる意味を問うてはならないのです。人生こそが問いを出し私たちに問いを提起しているからです。私たちは問われている存在なのです」（V・E・フランクル著／山田邦男・松田美佳訳『それでも人生にイエスと言う』春秋社、２００６年、39刷、27頁）

そして、こうも言っています。

「そこに唯一残された、生きることを意味あるものにする可能性は、自分のありようががんじがらめに制限されるなかで、どのような覚悟をするかという、まさにその一点にかかっていた。（中略）およそ生きることそのものに意味があるとすれば、苦しむことにも意味があるはずだ。」（『夜と霧　新版』、１１２〜１１３頁）

私は、フランクルがたくさんの苦しい経験のなかから見いだした結論は、ただひたすら生きていくことを通して得た、愛する人の大きさ、人の愛、幸福の意味でした。このように、与えられた人生の問いに誠実に真向かって、ただひたすら生きていくことが、まさに生きる命と書く「生命」の意味であり、その歩みが「生命の鼓動」であると、私は思っています。

皆さんは飛行機に乗ったことがあると思います。現在、多くの空港ではレーダーが整備され、悪天候でも着陸を容易にしています。操縦席の窓が激しい雨に打たれ、また雲や闇に覆われて視界が遮られても、レーダーを頼りに飛行機の位置や着陸する滑走路を知ることができます。雲の中を飛んでいても飛行機の位置が分かる。しかし、数十年前のプロペラ機は悪天候になるとモールス信号を頼りに飛行していました。操縦士のヘッドホーンに絶間なく送られるブザー音が聞こえるのは、送られてくるモールス信号の二つの扇形の接線の所を飛んでいる時だけなのです。フランクルは、「パイロットは、この連続音が聞こえるように操縦しさえすればいいのです」(『それでも人生にイエスと言う』、59頁)と言います。私はそのこと自体も、大切な生きることを示していると思います。これを自分自身にあてはめると、まさに自分は雲の中を飛び続ける飛行機のように、時に地上の光が見え、また雲の上に上がって太陽の光を浴び、月と星の美しさに感動する。そして着陸しては飛び立ち、雲の中を飛行する――。その繰り返しです。その繰り返しの中で、いくつもの人生の問いが投げかけられ、一つひとつ答えていく……。

現在は便利になり、さまざまなものが手に入ります。その分、生き方は安易になってしまった。ちょうど、レーダーにすがって楽なほう、簡単なほうへと流れてゆくように。しかし、皆さんには生活のなかで与えられることを待つのではなく、フランクルの言う飛行機のように地上からの光で自分の位置を確認しつつ、先が見えなくなったときはモールス信号を頼りに明日に向かって行ってほしいのです。そのモールス信号は、一人ひとりの人間が発する「生命の鼓動」です。「わたしの目にあなたは価高く　貴く　わたしはあなたを愛し」と言われているように、誰もが神によって愛されて生まれてきているという事実を、心の耳を澄まし、知識の目を開いて学んでいただきたいと思います。

明日を見つめて歩む。なぜなら……

あなたがたを襲った試練で、人間として耐えられないようなものはなかったはずです。神は真実な方です。あなたがたを耐えられないような試練に遭わせることはなさらず、試練とともに、それに耐えられるよう、逃れの道をも備えていてくださいます。
（コリント第1の手紙 第10章13節）

当時、コリントの人々は大きな滅亡の危機に直面していました。それゆえに、偽りの安心を警戒しなければならなかったのです。試練に耐えて歩むことを求められていると同時に、絶望してくじけるのではなく、試練をも克服する道を与えられているという強い確信を、聖句は示しています。このことは、私たちが生きている現代社会にもあてはまります。現在の社会には、三つの危機があり、社会の存立基盤自体が問い直されています。

すなわち、一つめは、「存在の危機」――。人の存在が、社会から排除されてしまうことを言います。今の日本の社会は、孤立と孤独、そして排除が顕在化し、経済成長、経済の安定の名のもとに大切なことが切り捨てられています。なぜこれだけ自殺者が増えたのでしょうか。それは自分の存在自体も切られていく社会だからなのではないでしょうか。

二つめに、「生活の危機」が考えられます。貧困、失業、疾病、家庭崩壊等々、安心した老後も迎えられません。また、自立していくための援助がまだ不十分である結果、障害をもちながら、日々の生活を送ることが困難になっています。

最後に、アイデンティティーの揺らぎ――。すなわち「アイデンティティーの危機」です。自分は何者か、自分は誰とともに歩むのか、多くの人々が見失いつつあるのです。

私が大きな痛みをもって知らされた悲劇を紹介します。

ある小学校1年生の子どもが、父親と二人で生活していました。父親は病弱であり、生活保護を受けて生活していました。ある日、子どもが朝起きると、いつも起こしてくれる父親が起きません。いくら揺さぶっても、起きる気配さえありませんでした。子どもはすぐ隣の家に駆け込み、その家の住民によって救急車が呼ばれましたが、すでに父親は亡くなっていました。これは一つ目の悲劇です。

しかし、残された子どもは、さらに二つの悲劇に直面しなければなりませんでした。市の福祉事務所は生活保護の葬祭扶助を使って子どもの父親を火葬場に送りました。しかし、父親の遺骨は哀れに思った小学校の校長先生など、二人の人の手を通してある遠い墓地に無縁仏として埋葬されました。そして子どもは、県の児童相談所によって児童養護施設に預けられたのです。子どもには、父親の遺骨を抱いた一枚の写真だけが残りました。児童相談所は一時保護の制度を活用して子どもを保護し、市は善意にすがって父親の遺骨を預けました。子どもが預けられたホームは墓地を持っていたにもかかわらず、親子は制度によって分断されてしまいました。そこには子どもが生きる姿を支える術《すべ》が見えません。

そしてもう一つの悲劇は、子どもはその直感からか、悲しみを受け止めずにいたことです。死という事実がそこには存在しない。私のでもなく、あなたのでもない。最愛の人であった父の死を、あたかも他人事のように感じていたようでした。その子どもをあずかった児童養護の職員は、父親の遺骨をホームの墓地に移し、子どもへの援助をはじめたそうです。

医療現場においても同じことが言えます。最後まで人間らしく死を迎える権利は、現在の治療では治る見込みのない病気にかかり、死に直面している者が尊厳をもち、生きてきた意味を再確認することを保障する権利ですが、実際にそれができる場は乏しいでしょう。例えば、末期がん患者が訴える苦痛はさまざまです。身体的な痛みはもちろん、不安と孤独という精神的痛み、生計の不安、家族の生活は大丈夫かという社会的痛み、自分の存在は何なのかという大きな不安、疑問、そして苦痛――。それぞれの痛みが交叉しあいながら、互いに影響し合ってもたらす患者の痛みは、「人のすべてを覆う苦痛」であり、家族も同時に直面することになります。その自分の存在を失うような魂の叫びに対して、私たちは十分聞く耳を持ってこなかったのではないでしょうか。

現在、医療・福祉・教育・カウンセリングの現場での悩みの一つは、専門分化するなかで、人の姿を見失ってしまうことです。医療事故の大きな原因の一つは、業務と権限の細分化であり、だれもクライアントそのものを見ていないことにあります。。

いま、一人の生活者としての視点、人の痛みを共感できる心、スピリチュアル・ケア、その人全体を捉える力が、牧師、教師、社会福祉従事者、また一人の社会人として歩もうとしている人々に求められています。私は、だからこそ「LOVE」が必要であると信じています。

L＝life（ライフ＝生活、生命、人生）　関係のなかに生きること。ライフの日本語訳である「生活」は福祉、「生命」は医療といえます。多くの人が「自分らしく生きていきたい」という、当たり前の人生の視点を見失っています。共に歩もうとする者が、隣人の人間としての痛みを知り、学ぶことから理解が始まるのです。

O＝orchestra（オーケストラ＝奏でる）　スコットランド・エジンバラの音楽堂で、ベルリンフィルオーケストラが『展覧会の絵』を演奏しました。大きな音楽堂の二階にはトランペットなどの管楽器が並び、一階の舞台では弦楽器と、それぞれ調和をもってすばらしい演奏が行われました。しかし、もっとも盛り上がる場面の一つで、トランペットが高らかなファンファーレから静寂に移るその時、明らかに長く吹いてしまいました。しかし、演奏が終ると有名な指揮者は、まずそのトランペットを指差し、拍手をしました。それ以後が、とても良い響きだったからです。いま私たちは、それぞれの違いを前提に、互いに認めあう社会を必要としています。その社会とは、今を大切にして、明日に向かって夢を奏でるオーケストラです。

V＝vision（ビジョン＝未来像）　夢をもち、歩むこと。足もとばかり見て歩いた道を振り返ると、蛇行しているかも知れません。しかし、その道を誇りと希望をもって歩み続けて欲しいと思っています。助ける人と助けられる人、その人のために祈る人と祈られる人の関係ではなく、助けられている人が自分を助ける人になり、そして他者を支える。祈られる人が自分と他者のために祈る人になることを目指すこと――。そこにビジョンがあるのです。そもそも自分たちが安心して、心が満たされ、生きていく社会づくりの原点はそこにあるのです。

E＝expectation（期待）　多くの期待と不安を持って人は旅立ちます。そして、今までにない課題に直面するでしょう。しかし、課題に直面したときに、期待を失わないとき、新たな歩みが始まるのです。明日への思いを断ち切らない限り、明日が開ける。苦しいときに、この聖句に立ち戻ってみてください。

あなたがたを襲った試練で、人間として耐えられないようなものはなかったはずです。神は真実な方です。あなたがたを耐えられないような試練に遭わせることはなさらず、試練とともに、それに耐えられるよう、逃れの道をも備えていてくださいます。

その逃れの道の先にある事実は、神の愛――。まさに神の愛をもって、ＬＯＶＥ（愛）は完結するのです。

幼な子のように

幼な子だったとき、私は幼な子のように話し、幼な子のように思い、幼な子のように考えていた。成人した今、幼な子のことを棄てた。

（コリントの信徒への手紙［1］第13章第11節）

How did you know you were God? Charlen
Dear God, how come your never on T.V. Kim
Dear God Are you rich or just famous. Steven
シャーリーン　あなたは どうして じぶんが かみさまだって わかったんですか？
キム　かみさま どうして いちども テレビに でないの？
スティーブン　かみさま あなたは おかねもち？ それとも ただ ゆうめいなだけ？

（絵・葉祥明、訳・谷川俊太郎『かみさまへのてがみ』サンリオ、１９９４年）

このパンチの効いた子どものメッセージ――。自然な目線、率直な思いに、私はたびたび驚かされます。私は、いつから子どもの言葉に新鮮さと感動をもつようになったのでしょう。確かに、私は、このような単刀直入な質問をしなくなっていました。経験や学習によって、答えられないものとして頭の片隅に置き去りにしたからです。ごく自然な気持ちが、知らないうちに消されていたのです。

最近、大学時代の友人と会う機会が増えました。昔を振り返ると、大学生の時はよく友人たちと話し合ったものです。なぜ生きているのか、なぜ生きていくのか——。君たちの世代の若者は聞いたことがないかも知れませんが、約40年前、私たちの世代は青春時代に、『若者たち』（藤田敏雄・作詞／佐藤勝・作曲）という歌をよく歌いました。

♪君の行《ゆ》く道は　果てしなく遠い
　だのになぜ　歯をくいしばり
　君は行くのか　そんなにしてまで

学生時代は本当に率直な思いを語り合ったものです。生きることにこだわってきたからこそ、自分の今がある。生命の大切さに真向かおうとしたからこそ、平和運動が生まれ、またたくさんの挫折を味わいました。しかし今、多くの価値が錯綜し、想像もできなかったことに直面しています。生命の意味が見失われています。たくさんのコンピュータのなかで、命が消え去っている。コンピュータを操るのは「人間」です。

いま日本では、孤立、虐待、自殺などの深刻な問題が顕在化し、既存のサービスだけではまったく決め手を欠く状態になっています。そもそも、崩壊してきている家族やコミュニティが問題を生み出す土壌となっています。この問題に私たちはどのように真向かうのでしょうか。また、「引きこもり」の問題が顕在化しています。引きこもりを防ぐ術を、社会が、家庭が、地域が失っているからです。そして、引きこもった人がまた再びそこから出ていくことへの支援も十分ではないからです。

生命鼓動を見つめることをやめないでください。誰も、神から祝福されないで生まれてきた命はありません。命をつくる熱い血の流れ、そしてそれを包む肉体がある。さらに、肉体を支える心と、その心を大切にする家族、友人の思いやりに包まれ、その人の明日があります。そんな当たり前のことが、忘れ去られているのです。

ルーテル学院大学には4年生が在校生や教職員に対して、昼の礼拝の時間にメッセージを伝える伝統があります。卒業する学生からのメッセージを聞いて、感動しました。

「いろいろな宝石、一つひとつが違う。そして、入れる宝石箱は、いっぱいになることがない。それに合わせて自分も成長し、少しずつ大きくなっていく。私はそれを成長と考えている」

彼女のメッセージから、私は、その宝石箱に生命の大切さというもっとも輝く光を放つ宝石が入れられていると感じました。大切なことを見失なっていない若者が、そこに育っていました。私にとって、一回り成長した学生の姿がまぶしく見え、思わず心のなかで拍手を送っていました。同じように、私は、自分の人生を精一杯生きた小学生の詩を紹介したいと思います。長野県立こども病院院内学級で過ごした小学4年生の宮越さんの詩です。

『命』　宮越由貴奈

命はとても大切だ
人間が生きるための電池みたいだ
でも電池はいつか切れる
命もいつかはなくなる
電池はすぐにとりかえられるけど
命はそう簡単にはとりかえられない
何年も何年も
月日がたってやっと
神様から与えられるものだ
命がないと人間は生きられない
でも
「命なんかいらない」

と言って
命をむだにする人もいる
まだたくさん命がつかえるのに
そんな人を見ると悲しくなる
命は休むことなく働いているのに
だから、私は命が疲れたと言うまで
せいいっぱい生きよう

（『電池が切れるまで――子ども病院からのメッセージ』すずらんの会編、角川書店、２００２年、８～９頁）

命は精一杯生きるもの。宮越さんは、精一杯生きました。宮越さんの生き方を通して、命を大切にして、幼な子のように確信を持って生きる大切さを、私たちは学ぶことができます。

幼な子とは、「半人前の大人」ではなく、「一人前の子ども」である。子どもが子どものままで、神様は受け入れられている――。幼な子とは、私たちの原点でした。大切なことを聞くこと、素直に聞くことを単なる経験と知識から捨て去らないで生きていきたいと、私は思いました。心が開かれた幼な子のように、感動する気持と生き方を見失わないでください。

I have a dream

谷はすべて身を起こし、山と丘は身を低くせよ。険しい道は平らに、狭い道は広い谷となれ。主の栄光がこうして現れるのを肉なる者は共に見る。主の口がこう宣言される。

（イザヤ書 40章4節・5節）

イザヤ書の40章は、紀元前6世紀後半、すなわち今から約2600年前の状況が背景になっています。南王国ユダがバビロニア帝国に滅ぼされ、指導者層の多くが強制的に移動させられ、捕らわれていました。その民に対して、解放が近いとの知らせが届きました。荒れ野に道が開かれ、捕らわれていた人々が解放され、新しい歩みが始まる。谷が上がり、山や丘は下がり、先の見通せる平らな地になる。そこには障害物がないばかりか、上も下もない。そのような将来への展望が明らかにされたのです。聖書の箇所は、確かに歴史的な意味を持つものです。しかし、この聖句は現代にも大きな影響を与えています。黒人差別の事実から目をそらさずに、幾多の困難にもひるまず、ひたすら平等を目指して取り組んだ一人の黒人牧師、キング博士とその仲間たちの行動とメッセージから、この聖句を見つけることができます。

1619年、オランダ商人により20人の黒人が、バージニア植民地ジェームスタウンに連れて来られたと言われます。その後、1776年に独立宣言が、また1863年にはリンカーンによって奴隷解放宣言が出されました。アメリカ合衆国憲法は、1865年に修正され、第13条の奴隷および苦役の禁止規定には、「奴隷および本人の意に反する労役は、犯罪に対する処罰として、当事者が適法に宣告を受けた場合を除くほか、合衆国内またはその管轄に属するいずれの地にも存在しない」と明記されています。(『解説世界憲法集』三省堂)

しかし、16世紀から19世紀にかけて売買された奴隷は1千万人以上と推測され、かつ黒人は現実に厳しい貧困状態にあり、法律上認められた人権は現実の前にまったく効果をもちませんでした。さらに、黒人への襲撃を繰り返す白人の秘密結社の存在等々、憲法の理念と実態がかけ離れていたのでした。(鈴木晟「キング牧師」『20世紀を動かしたあの名言』インプレス、2003年、174〜178頁)

不平等はあらゆる生活のなかにあったのです。公立学校への入学禁止、レストランの入り口に掲げられた「白人専用」という看板、バスの座席指定、劣悪な労働条件、選挙権の剥奪、住居地の制限——。そして1955年、混雑したバスの黒人座席に座っていた黒人女性・ローザ・パークスが、白人に席を譲らなかったため逮捕されたことに端を発し、バスの乗車ボイコット運動が始まるのでした。さらに、黒人を差別するレストランの前での座り込み、ワシントン大行進等々の運動と広がりを見せますが、これらは教育を受ける権利や選挙権などの人種による制限を撤廃する運動、すなわち公民権運動とも連動していました。

非暴力を貫こうとする彼らに、容赦なく繰り返される弾圧、逮捕。家に投げ込まれる爆弾。また繰り返される電話攻撃――。またある黒人女性が、突然ナイフでキング牧師の心臓付近を刺し、重傷を負わせました。ちなみにそのナイフは日本製のペーパーナイフでした。

自由を求めた国民の行進は、たびたびテロの標的になっていました。白人による襲撃が続き、そしてキング牧師はノーベル平和賞を受賞した4年後の1968年、39歳の人生を「暗殺」という卑劣な手段で終えたのです。しかし、警察や消防による不当な鎮圧はアメリカ国内にとどまらず、全世界の多くの良識ある人々の怒りを生み、黒人解放運動への共感をもたらしました。憎しみの連鎖、怒りの連鎖を食い止めたのは、運動に携わった人々とともに、アメリカの、そして世界の良識であったと思います。

「I have a dream」――と叫び続けたキング牧師とその仲間たちの行動とメッセージが、多くの共感を呼び起こす大きな理由は、二つあると思います。一つは、理由が明らかな、理不尽な差別と弾圧の事実。もう一つは、困難な中にあって、「I have a dream」と言い、夢を、希望を持ち続けたその生き方――。すなわち、第一の「理由が明らかな、理不尽な差別と弾圧の事実」の理由とは、肌の色が黒いこと。差別は生活の至るところにあります。そして肌が黒いという事実が起点となって、劣悪な就労条件、そして貧困、教育を受けられない状態、その結果適切な働き場所を得られないという連鎖・悪循環となります。当事者の黒人は、日々、冷ややかな眼差しに身も心も刺され、プライドを傷つけられ、明日への希望を捨ててしまい、貧困と劣悪な生活環境を受け入れざるを得なくなる。このような貧困の連鎖が、生活に根づくと、いわゆる社会常識になって、日々繰り返されるのです。だからこそ、原点を見い出し、この連鎖を断ち切ることが必要なのです。

今の日本を振り返ってどうでしょうか。言葉を交わすことなく、笑みを交わすこともなく、通り過ぎていく人々。そして生まれる孤立や憎しみや暴力――。助け合うことによって成り立つ家族自体も、たびたび虐待やドメスティックバイオレンスの場になっています。日頃の生活のストレスの吐け口が、身近な家族に向けられていく。大切な人であるべき家族や友人に向けられた刃は、あまりに悲しいものです。身近な人が、なぜこんなにまで傷つけられなければならないのでしょうか。

また、自然も同様です。24時間、闇を知らない大都市には、たくさんの落とし穴があります。しかし、いつも明るく眩しいため、現実の姿が見えません。それに気がつかないのです。またはその現実に敢えて目をつぶる人もいるでしょう。一方で、全国には竹やぶが広がり、その結果洪水が起こり、多くの人命が失われています。雨が降り、根の浅い竹やぶによって覆われた崖が崩れ、川をせき止め、下流の町を土石流となって襲うからです。その原因は地域の生活やコミュニティが崩壊し、山が荒れてきたことにあります。この悪循環、連鎖を断ち切る術を私たち自身が見つけなければなりません。

だからこそ、いま多くの共感を呼び起こすもう一つの理由である「困難な中にあって「I have a dream」と言い、夢を、希望を持ち続けたキング牧師の生き方に立ち戻りたいのです。

――「私は夢を持っています。それは私の4人の小さな子どもたちが皮膚の色によってではなく、人格の中身によって評価される国にすむことができるようになるだろうという夢です。」（クレイボーン・カーソン編／梶原寿訳『マーティン・ルーサー・キング自伝』日本基督教団出版局、2001年、271頁）

キング牧師は、生命・自由、そして幸福を追い求めるという、人として当たり前の思いや願いが叶えられる社会をつくろうとしました。「I have a dream」という言葉には、目指すべき明らかな目標があり、それが夢として高く掲げられました。その源に流れるものは、親としての子への思い、友人への思い、当事者としての思い、そしてキリストの愛への感謝があるからこそ、その夢は幻想でなく、たくさんの連帯と共感を生み出しました。

皆さん、おかしいことはおかしいと見える目、大切なことを大切にしようとする心、問題を少しでも解決していこうとする勇気をもってください。そして、生命・自由・幸福を追い求めるという、一人ひとりの当たり前の思いや願いが叶えられる社会とは何かを考えていただきたい。私はよく聞かれます。私に夢があるのかと。私は、いつも言い続けています。「I have a dream」――。なぜならば、夢をもって、共に明日を切り開いていこうというたくさんの友がいるから、そして決して私たちの夢を失望に終わらせない神の愛を信じるからです。

希望に向かう旅

わたしは、既にそれを得たというわけではなく、既に完全な者となっているわけでもありません。何とかして捕らえようと努めているのです。自分がキリスト・イエスに捕らえられているからです。
（フィリピの信徒への手紙３・12）

「ほんとうにありがとうございました。心を開き、痛みを持つ友だち同士でうち解け合って、共に笑いさざめき、共においしいお食事を楽しんですごし、心くつろげて、帰りが惜しまれる程でした。介護者も落語を聞いたり、入浴して、いこいの一日で、私も少し良いことをしたような気分になりました。特にカラオケ、ダンスがベストでした。来年も楽しみです。」

これは、長野市社会福祉協議会が20年近く前から始めた「きぼうの旅事業」の参加者からの手紙です。地域のボランティアなどの協力を得ながら、外出の機会が少なく家に閉じこもりがちな重度心身障害者と寝たきり老人およびその介護者に、社会との交流とレクリエーションの機会を提供しようと始められた企画です。私たちにはふだんの生活だけれども、障害を持たれた方と介護者はなかなか家から離れることができません。

「きぼうの旅事業」は、長野市内各所で行われています。たとえば、松代地区の活動では、さまざまな方法を選び、現地までたどり着かなくてはなりません。自家用車を使う方法、福祉自動車を使う方法、松代荘のバスを使う方法、リフトバスを使う方法などを皆で相談して、10時には松代荘に集合します。午前中は人形劇、昼食は麦とろ御膳、そして午後は落語、自由な交流と、自分が自由に楽しむ時間があります。

そこには、閉じこもりがちな家から外に出る喜び、出会う喜び、同じ困難を持つもの同士が、その苦労を理解するボランティアとともに、心を開いて集う喜びがあります。その喜びは、一人の人間として当然の喜びです。だからこそ、「きぼうの旅」というのでしょう。

私は、この「きぼうの旅事業」を見て、その人らしく生きていくことを旅というならば、そこには皆が集う駅もあるのではと感じました。そして、その駅からまた汽車に乗って、明日に向かって旅をして行くのです。「きぼうの旅」には、皆が支え合い、寄り添い合う駅が必要であると思いました。私たちには、そのような駅があるでしょうか——。

列車が停車しない駅もあります。北海道の新旭川から北見を経由し網走までの234キロの長距離を走る石北本線——。234キロとは、新幹線で東京から浜松あたりまで行きます。石北本線の奥白滝駅の下りは午前6時59分、次の下りは翌日の午前6時59分。一日一往復の電車しかなく、後は通過駅であったそうです（博学こだわり倶楽部編『「駅」面白すぎる博学知識』河出書房新社、1999年、18〜19頁）。そして奥白滝駅は、2001（平成13）年6月30日、70年余りの駅としての営業を終えました。

駅は社会の縮図です。山間地区で起こっている過疎の問題によって、たくさんの駅が廃止されました。そして都市部では通り魔的な事件など、さまざまな事件が起こっています。コミュニティが崩壊しつつあるからこそ、生じる事件が多発しています。東京都内の駅は、たくさんの人が乗り降りします。しかし、乗客はみな無表情。地方の無人駅に対して、東京の駅は、言葉のない、挨拶のない、無表情駅といえます。

いま、電車が通らなくなった廃線のそれぞれの駅を考えると、私たちが駅を捨てたのではなく、私たちが駅に捨てられたのかも知れません。だから、今、全国各地で駅を再生しようとする取り組みが広がっています。

会津の街並みにマッチするように改築され、きれいな喫茶店とおみやげ物を置いていた七日町駅。2006年に廃線となった北海道のふるさと銀河線（期間限定で再運転）では、駅をコミュニティセンターとして利用しています。山口県で瀬戸内海に沿って走る山陽本線は、駅のそばにふれあいサロンという住民の活動の場所が設けられていました。全国で、駅にさまざまな趣向を凝らし、地域の生き続ける姿を浮かび上がらせようとしています。このような取り組みは、それぞれの地域の良さ、強みを活かし、互いが集う場としての駅を取り戻そうとする試みであり、町が「希望に向かう旅の出発点としての駅」を創る取り組みです。また、たくさんの道路に面した道の駅が全国に創られています。

「駅」、すなわち「station」を辞書で引くと、「①場所、置き場、持ち場、部署、②駅、停留所、③官庁などの部、④事業所、……⑦身分、……⑭十字架の道行きの「留」station of the cross。キリストが十字架に掛けられたカルバリの丘に到る道、その場面ごとに捧げる一四の祈りからなる祈祷」(『新英和大辞典』研究社)という意味が記されていました。

ルーテル学院大学の鈴木神学科長は、このように説明してくださいました。

「中世西方教会は、教会堂の中に〈イコン〉(聖画像)を掲げる東方教会の習慣には批判的でしたが、聖なる画像を〈教育的な根拠〉から教会に掲げる習慣は容認しました。つまり、福音書の物語を文字で読めない大衆(大部分の大衆)が、イエスの生涯の出来事を、絵画を通して理解することは、有益だと考えたのです。日本語では〈station〉というと、すぐに「鉄道の駅」のことを考えますが、〈station〉とは〈立ち止まる場所〉なのです。イエスが人間の罪のため、十字架につけられる受難の場面を描いたいくつもの聖画が掲げられている教会のなかで、その絵を見つつ、祈り、黙想するために〈立ち止まる場所〉、つまり〈station〉ということになります」

私は、立ち止まり、自分を振り返り、祈るstationが社会に必要であると考えています。どんなに科学が進歩しても、できることは何でもするのではなく、してはならないこと、しないことを考えることが大切です。文明は科学技術の進歩によって急激に変化しましたが、それに人間がついていけなければ、生きることにストレスが生じてきてしまいます。「できることはすべてする」ことから「大切なことをする。できてもしない」という意味が問われています。どこまでするかという限界の確認作業が大切です。なぜなら、人間は科学によって生み出されたのではなく、あくまで自然に抱かれた生物だからです。

私たちは、仕事では確かに時間を優先させ、新幹線や在来特急に乗って目的地に行きますが、人生において希望に向かう旅は「各駅」であると考えています。一駅一駅に下り、さまざまなことに出会い、学び、祈り、感謝し、勇気を蓄えて次の駅に向かうのです。

いま、時間の効率性が主張されていますが、人生の旅には通過駅はありません。人間を列車に例えるならば、特急や急行列車と各駅停車の列車の走る時間にそれほどの大差はありません。各駅停車の列車は、特急や急行の待ち合わせをするから、その分だけ時間がかかるかも知れません。だから自分の線路で、通過待ちをしない各駅停車に乗ればいいのです。

「今」は、過去の積み重ねによってあると同時に、明日への第一歩でもあります。誰にでも明日があり、希望に向かって歩みを始める「今」があるのです。その今を、社会が無視して通過している大切な駅を、取り戻してください。

互いを認め合うことによって育ち、育てられる駅。それぞれが学び、言葉を交わし、心を触れあい、大切な思い出を創りあげる駅――。そして勇気を蓄える駅を起点に、希望に向かう旅を進めてほしいと思います。

人間の生命の尊さ、人には温かい命が流れ、誰もが希望を持って歩んでいくという当たり前のことを、何とかして捕らえようと努めてください。十字架の意味は戦う象徴としての十字軍ではなく、私たちへの愛と平和のメッセージなのです。愛された経験が愛する心を築き、苦しんだ経験が相手への共感へと繋がります。誰もが神に祝福され、生命を与えられています。神は、一人ひとりの苦しみを放ってはおかれません。そのことに私たちは気が付かないだけなのです。

明日への光

ともし火をともして、それを穴蔵の中や、升の下に置く者はいない。入ってくる人に光が見えるように、燭台の上に置く。あなたの体のともし火は目である。目が澄んでいればば、あなたの全身が明るいが、濁っていれば、体も暗い。だから、あなたの中にある光が消えていないか調べなさい。あなたの全身が明るく、少しも暗いところがなければ、ちょうど、ともし火がその輝きであなたを照らすときのように、全身は輝いている

（聖書 ルカ11章33節〜36節）

人口80万人――。これは何を意味するでしょう。実は、江戸時代の江戸の人口です。その数は、島根県や鳥取県全体の人口を上回り、佐賀県、高知県、福井県、徳島県、山梨県の人口に匹敵しています。また80万人とは、今の世田谷区の人口と同じです。世田谷区では、そのうち10万人が1年の間に移動します。

私は世田谷区基本計画の福祉分野を担当させていただきました。社会福祉に関する取り組みでは全国有数の世田谷区です。街を整備しサービスを増やしてきましたが、孤立や孤独を減ら

すことがなかなかできないという現状に直面しています。そして逆に、都市の開発が意外な結果を生み出しました。犯罪の発生率を高めたのです。互いの関わりが薄れ、コミュニティが壊れていました。まさに地域そのものが問題を生み出しているのです。いま、世田谷区は熱心にその問題に取り組んでいます。

この事実は、急に深刻化したのではありません。よく危機管理の言葉で、「ひやりハットの法則」と言います。ひやりとしたこと、ハッとしたことをそのままにしておくと、大きな取り返しのできない事故が起こるという意味です。私たちはひやりとしたこと、ハッとしたことに気が付きながら、そのことから目をそらしてきたのではないでしょうか。大切なことを捨て去ってきたのではないでしょうか。だからこそ、いま必要なことは、まさに明日への光となる大切なことを確認する作業です。今までの歩みを再点検することです。新たな歩みの時だからこそ、原点に立ち戻ることが大切です。

私にとって大切な出会いがあります。今から30数年前、私が18歳の時でした。友人の代わりに、たまたま教会が主催する知的障害施設大島藤倉学園でのボランティア活動に参加しました。当時は地域で知的障害をもつ方とお会いすることは本当に少なく、私は多くの不安を抱きながら、夜の船で大島に向かいました。そして一週間の学園での生活が始まりました。朝7時から穴掘りをしたり、炎天下に友人たちと働き、たくさんの子どもたちとも出会いました。別れの際、互いに涙が止まらなかったことがとても懐かしく思い出されます。そしてその時に、知的障害児者の父といわれる糸賀一雄先生の生き方と思想に出会いました。私は、ボランティアとは人のためにすることであり、ボランティアの愛と光を届けることだと思っていました。だから「この子らに世の光を」届け、愛を届けようと思ったわけです。

ところが糸賀先生は、「この子らを世の光に」と言われました。子どものそれぞれの個性と発達の可能性を信じ、そして「この子らに世の光を」ではなく、「この子らを世の光に」という、大切な生き方を示されました。私はこの言葉から三つのことに気がつかされました。

一つ目は、「それぞれが、与えられた賜物を活かし、光を放っている」こと。二つ目は、「さまざまな人の愛の光が、人を通して、輝いている」こと。そして三つ目は、「実はそのことによって、自分自身が育っている」ということです。

もう何年も前のことですが、私は大学の教職員住宅に住んでおり、その上がゲストハウスになっていました。そのゲストハウスに、20歳代の「レスキ君」とご両親が泊まったときのことです。

早朝、私はカラスの騒がしい鳴き声で目を覚ましました。窓を開けて見ると、上のテラスでレスキ君がカラスの声を真似して、カラスがそれに答えているかのように騒がしく鳴いていました。彼は生まれながら視力がまったくなく、かつ5歳程度の知的能力と言われていました。小さい時に今の両親の家の前にカゴが置かれ、その中に彼がいました。夫婦は、彼を正式に自分たちの子どもとしました。そしていつしか、彼は家にあったピアノに関心を示し、教えられたこともなかったのに弾くようになりました。彼には、音や音楽を一度聞くとそれをピアノで弾き、歌うことができるという特別な才能がありました。レスキ君の奏でる音楽は希望を生み出す光となって、会場にいる人々の心を照らしました。

彼のこの力は、まさに神より与えられた賜物であり、その賜物が光っているのです。神の祝福を受けないで、この世に命を与えられた人は誰もいません。それぞれの人に与えられた賜物を通して、キリストの愛の光が放たれていると思います。私たちは、「いと小さき者」の一人ひとりが放つ光を見逃さないこと。それが、明日への第一の光となります。これが一つ目の「与えられた賜物を活かし、光を放っている」ということです。

二つ目は、「さまざまな人の愛の光が、人を通して、輝いている」ということです。人の愛の光といっても、家族、教員、友人、牧師、福祉の担い手等々、さまざまです。

家族について、一つの例を挙げます。親が自分が生んだ子どもに障害があった時、それを受け入れることは大変で、試練の時でもあります。聴覚に障害をもつ人への訓練を行う日本聾話学校前校長・安積力也氏は、経験を通して、ある親の試練を次のように表現されました。

「声かけしながら育て、なかなか反応しない子どもに対し無意識のうちに不安を押し殺しながら育てる。現実を知った時に、牛乳瓶の底がぬけ、思いが一気に抜けてしまう。手の届かない世界に置かれ、根源的な関係が断ち切られる」——と。先天性、遺伝性の問題は多くの場合、わが子に責任がないゆえのわが子への後ろめたさといった微妙な心の波立ちをひき起こします。

数年前、宮崎県で行われた全国のボランティアが集まり、それぞれの実績と感動を伝え合う全国ボランティアフェスティバルにおいて、私は「まちづくり」をテーマにした部会を任されました。私の講演の後、三名の車いすの方々とシンポジウムを行いました。会場の参加者の一人が、こんな質問をしました。

「あなたは、買い物や旅行に行くことが本当に好きだと言われた。そして、いつも自分らしく生きたいと、本当に積極的に、かつ楽しく生きておられる。その源は何ですか」

彼女はすぐにこう言いました。

「私は小さい時、体育などの授業で、なぜ自分だけがみんなと同じようにできないのかと思っていました。お母さんにもたくさん助けてもらっている。『こんな私が生まれてきてごめんなさい』と母に言いました。そのとき母は、『何を言うの。あなたが前向きに笑顔を絶やさず、一歩一歩成長していく姿は私の励ましになるし、私の喜びです。あなたらしく生きて欲しい』と言ってくれました。私の恩師であり恩人は、母です」――。

彼女を通して、母親の思いと愛が、共に生きる人々の歩みが輝いているように感じました。二人の関わりから光が放たれています。キリストは、揺さぶられながら生きる私たちを見逃しません。それぞれの人生の深淵で、キリストの御言葉が輝くのです。これが明日への第二の光です。

三つめは、「実はそのことによって、自分自身が育っている」ということです。ボランティアのことを手話で表わすと、かつては胸をかき、そして手を前に出して「働きを与える」「捧げる」と表現しました。今は「互いに出会い」「共に歩む」と表現します。人さし指を外から内に向けて合わせ、人さし指と中指を前に動かしていき、「歩む」という意味です。まさにパートナーシップと言えるでしょう。

生きていることが、実は生かされていることなのです。明るいところを歩んでいると、光は見えにくいかも知れません。でも、光はいままで気がつかなかったところにもあるのです。出会いによって育っている自分を見つめること——。これは希望を生み出し、明日への第三の光となるでしょう。

人と人との関わりが薄らぎ、自分の安らぎの場を求めてさ迷っているこの社会にあって、関わりにおいて目覚め、新たな人として関わることを忘れないで欲しいと思います。「共感すること」は成熟していくための大切な仕事であり、キリストが伝える思いやり、隣人を愛する心であり、人類にとっても共存するための不可欠の成長の機会です。

金銭を失うと生活の危機、プライドを失うと心の危機、そして希望を失うと存在の危機——。そう言われています。しかし、神様は皆さんにエールを送って下さっています。明日への光は、希望をもち続けることであり、まさに神の愛の光を覚えることから始まるのです。今まで自分が歩んできた道を振り返ると見えてくることがあります。そして、きっとその意味が分かる時があります。

隣人は誰ですか

隣人は誰ですか

（聖句　ルカ福音書　10章25節〜29節）

「隣人」とは、いったい誰なのでしょう。聖書に「隣人」がいくつ記されているでしょうか。新共同訳聖書の聖書語句辞典を調べると、旧約聖書で102箇所、新約聖書で15箇所を数えます。しかし、「隣」という言葉は見つかりません。旧約聖書の時代は遊牧民の時代だったので、隣の家はなく、隣は人だったそうです。

日本語では、「隣」とは「隣組」「隣付き合い」「隣近所」という位置を意味します。日本語の「隣」を英語にあてはめると、「neighborhood」と書きます。そもそも neighborhood の意味は、確かに「近所」、「近隣」です。しかし、その言葉には「位置」にとどまらず、その意味の一つとして隣人のよしみ、隣人としての付き合いという、「人」が付け加わります。すなわち、日本の「隣」とは位置を意味し、英語では「人」との関わりを重視することになります。言葉を換えれば、日本の場合には「家」を重視し、家への「所属」が基準になるのではないでしょうか。だから「人」がなかなか見えてこないのです。

「村八分」とは、葬儀と火事以外は一切の村の行事から排除することを言います。「家」を丸ごと村の生活から排除する。「いじめ」は、他者を排除することによって団結することに結びつきます。そこには血の通った「人」がいません。なぜなら、血の通った人は痛みを知り、その痛みをわかるから、血の通った人をいじめられないのです。「村八分」「いじめ」は、家や村、クラスという「所属」からの排除です。それもよく知っている人を排除するという行為です。

これに対して、聖書のこの箇所でいう「隣人」とは、まったく見知らぬ、かつて出会ったこともない人、まさに倒れていた人に駆け寄ったその人が、隣人であると言われています。支え合い、心を通わせることが当たり前であることが前提にあり、その関係が現実になるとき、互いに隣人となるのです。地理的な問題ではありません。そこには、一人の「人」がいます。

養老孟司氏は、ベストセラー『バカの壁』の中で、現代社会を「脳化社会」と指摘しました。「我々は脳化社会に暮らしていますが、そういう自覚が出来ていない。いつの間にか、身体を忘れ、無意識を忘れ、共同体を意識しないままに崩壊させてしまっている。今の状態が昔から不変で当たり前のように思っている」（『バカの壁』〈新潮新書〉新潮社、2003年、121頁）。

「脳化社会」を構成することの一つは、いうまでもなく「記憶」です。「記憶」には、記号で覚えた記憶、視覚で覚えた記憶、そして心で覚えた記憶があるとされています。記号で覚えたものは、それを心で表現できません。意味のない記号がただ雑然と並んでいるだけです。文書を記号で覚え、その意味を得られずに、記憶の無意味さに苦しむことになります。そのほか、記憶には事実を視覚で覚えたもの、心で覚えたものがあります。有名な画家・ピカソは視覚で覚えたと言われ、一瞬のうちにさまざまな視点を模索し、記憶し、それを表現できたそうです。しかし、記号と視覚で覚えた記憶は人工的な場合が少なくありません。たとえば、自然を真似てつくった遊園地で機械仕掛けの動物が出てきます。すると予想通り、驚くべきところで驚く。これはある意味で完成された、しかも用意された驚きであるわけです。

私は最近、心で覚えることの大切さを考えています。

生活の中に記憶が活かされている人に出会いました。それは、熊本県合志にある小規模多機能施設を調査のために訪問したときのことです。この施設は、高齢者のデイサービス（日帰りサービス）とショートステイ（短期入所）と住居が合わさった住宅です。ここでは「住まい」「生活感」が大切にされていました。生活の「におい」がして、生活の「おと」が流れ、一日一日の生活の営みが自然に積み重ねられていく「生活の場」であり、「生きる場」であり、ゆっくりと当たり前のように利用者の時間が流れている。

入居なさっているお年寄りがマーケットに買い物に行くと、その行き帰りに、ある家の前を通り過ぎる際にきれいな花をみて、「ほんとうにきれい。こんなすばらしい花は生まれて初めて」と言う。帰りにも、「こんなすばらしい花は初めて」と繰り返す。一日に2回、365日それを繰り返す——。その自然な姿に、癒される住民がいるのです。そこに、隣人としての関わりが自然に生まれてくるのだと思います。

忘れるのも、その人の力。忘れるからすべてが新しく、感動できるのです。すべてを覚えていたら、私は耐えられないでしょう。記憶をつかさどる脳の構造には、消し去る機能が備わっているようです。

以前、私は岐阜県大垣市の隣の垂井町にある「あゆみの家」の33周年記念講演と午後のふるさと福祉村の開村式の講演を依頼されました。あゆみの家は昭和46年(1971年)に、三名の知的障害もしくは身体障害をおもちの方と、三名の職員で無認可で始められました。無認可とは、公的な援助が一切ないことを意味します。地域にまったく障害児者施設がない時に、あゆみの家ができました。

当時、地元の行政担当者からは、「勝手なことをしてもらっては困る。必要な人はもう施設に入っているから、求めている人はだれもいません」と言われていたそうです。通所施設をつくり、住宅をつくり、親が育てられない子どもの施設をつくり、作業所を地域に点在させ、ホームヘルプサービスも行っている社会福祉法人ですが、利用者、家族、職員、教会、住民の手作りの集まりだと思いました。人と人との触れあい、隣人としての歩みを大切にしています。

その日は約200人の方々で会場がいっぱいになりました。そして会場に入って、私は最前列からひかれた絨毯にたくさんの利用者が座られているのを確認し、予定していた原稿をすべて壇上に置き、降りて利用者の方々の前で話すことにしました。利用者に分からない話は意味がないと思ったからです。

いつも以上に神経をすり減らし、午後の講演が終わって後ろの席に着いたときには、皆にはばかることもなくすぐに居眠りをしてしまいました。ただ、「利用者がこんなに一生懸命聞いていたことは今までになかった」と聞き、私も満足でした。これは私にとって、まさに隣人に話しかける意味を学ぶときでした。

まず、私は「隣人」とは、生きる意味を共に考えてくれる同伴者だと思います。私は、「他人が人生の意味を考える手伝いをする」（前掲『バカの壁』、110頁）というV・E・フランクルの言葉をかりた養老孟司氏の指摘の意味を考えさせられました。

私に人生の意味を教えてくれる人が隣人ならば、その人は三人の利用者と三人の職員で始められた「あゆみの家」に関わり続けた、ボーマン先生とルーテル教会のメンバーです。そのうちの一人は、ルーテル学院大学の卒業生のお父さんでした。「現実に、ほんとうに困っている人がいるのだから、必要がある人は受け入れよう」という働きかけから、この事業が始められたと言います。三人の利用者と三人の職員、そして財政的にもまったく希望のないところから進んだ歩みを、神様が引き上げてくださったのです。

叫びをあげている人々から求められることにただひたすら応え続け、同伴者として歩んだ。そして、その隣人との出会いが利用者の存在を支え、利用者の存在が担い手の支えになった。互いが生きる意味を教えあい、共に考える空間ができあがった――。まさに、意味のある人生を互いに築いていったのです。そこには、明らかに、生きる意味を共に考えてくれる隣人がいました。

私は、思いやりは神からの贈り物と思います。隣人には思いやりの心が宿っていると思います。本書の第一章で、絵本作家で安らぎを与える絵と詩を描く葉祥明氏にインタビューをしています。彼の癒しの絵をご覧になったことはありますか。葉さんは、こう言っていました。

「思いやりがなくても生きてはいける。しかしそれでは、生きていく意味がない」――。彼の多くの作品のテーマは、人や自然を思いやり、共に歩み、そして安らぎが与えられることです。

思いやりとは、共に苦しむ人と歩むことを意味します。だからこそ、私は、「心を尽くし、精神を尽くし、力を尽くし、思いを尽くして、あなたの神である主を愛しなさい」との聖句に立ち戻りたいと思いました。

先に述べた「あゆみの家」の創設者であるボーマン先生は、亡くなられる前、認知症にかかっており、物忘れが異常に多かったと聞きました。「あなたはだれですか」と妻に聞き、「私はあなたの助け人です。そして妻です」というと、先生は本当によかったという顔をなさったそうです。しかし、他人に対しては、攻撃的な時もあったそうです。いつもは言葉も意味不明なのにもかかわらず、夜、整然と説教なさり、祈りをしていたそうです。介助を受けたトイレの中で祈り続ける。神に感謝する。祈りを求められた時は、かつての調子とまったく変わりなく、祈りを続ける。夫人は、それを「gift from God（神の贈り物）」と言われました。まさに神から与えられた贈り物――。そして、神によって思いやりが作り上げられた。そこには記憶の範囲を超えた輝きがあります。

最後に、私は、それぞれに隣人たりうる出会いが与えられていると思います。たくさんの本を出し、癒しと神の愛を述べたカトリックの司祭で、神学者のナウウェンは、障害をもつ方々と共に歩み、ラルシュ（箱船）という居場所を提供し続けたジャン・ヴァニエの例をたびたび取り上げています。ヴァニエは、腕を広げ、手を小さな、傷ついた鳥が入っているカップのような形に丸める。そして、こう聞きます。

「もし私が手をいっぱいに開いたらどうなるでしょう？」

「鳥は羽ばたこうとして、落ち、そして死ぬでしょう」

と私たちが答えると、彼は重ねて尋ねます。

「けれどもし私が手を閉じたら何が起こりますか？」

「鳥はつぶされて死ぬでしょう」

と私たちが答えると、彼はほほえみながら言ます。

「親しみに満ちた場所は、カップの形に丸めた手のようなものです。完全に開いているのでもなく、完全に閉じているのでもありません。それは、成長することのできる場所です」（ヘンリ・J・M・ナウウェン『いのちのしるし』女子パウロ会、2002年、34頁）

「隣人は誰ですか」とは、「あなた自身は、隣人ですか」ということであり、「この手になれますか」ということなのです。

鞄（かばん）

心を尽くして主に信頼し、自分の分別に頼らず、常に主を覚えてあなたの道を歩け。

（旧約聖書の箴言　第3章5節・6節）

今の世界経済のたとえがあります。靴を履く習慣がない地域に二人の靴屋が行き、その地域の現状を本部に連絡しました。一人は、「靴をはく習慣がないから、靴は売れない」と連絡しました。ところが、もう一人の靴屋はこう連絡しました。「みんな靴を履いていないから、大きな市場だ」と。後者が今の経済の論理です。

その結果、すばらしい都会はできたけれども、たくさんのスラムも生まれました。経済成長による貧富の差の広がり、家族の分裂、助け合う地域の崩壊――。農作物も取り引きの対象になり、多くの子どもたちが、なにも食べられずに苦しみながら死んでいく。

日本においても、多くの人々が安らぎを求めてさまよっています。生活をおくる上で、様々な障害を背負いながらも「自分らしく生きていきたい」という当たり前の願いが叶えられず、かえってその存在自体が排除されてしまう社会は、暗闇と言えるでしょう。

私は、渋谷の地域福祉活動計画を立てているとき、夜10時30分頃から早朝まで渋谷にたむろする中高生が多いという現実に直面しました。街の安全を守り、清掃を行う世界的ボランティア団体『ガーディアン・エンジェルス』の青年たちは言いました。

「こんなに危険な都市に、こどもたちはとまり木を求めてやってくる。でも、親たちはだれも追いかけて来ない。大きな夢とつらい絶望をもってやってくるが、人工の光に照らされ、24時間闇のない通りを過ぎると、そこは地獄の底だ」——。

この10年、幻の夢がはじける泡のように消えていきました。これを経済では「バブルの崩壊」と言います。しかし、これは経済だけを意味するものではありません。医療、福祉においても、確かに技術は飛躍的に進歩しましたが、「その人」らしく生きたいという大切な部分を見失ってはいないでしょうか。

「その人」の個性、歩み、生き方、喜びはそれぞれ異なります。しかし専門家は、限られたデータにあらわれる結果だけを見て、「その人」を見失ってしまいがちではないでしょうか。コンピュータを導入した病院の医師は、「人を排除してしまうのではないか」と言っています。データを打ち込みながら、患者に向かう時間よりコンピュータに向かう時間のほうが多いためです。

では、この暗闇の道を、私たちは何をもって歩み出したらよいのでしょうか。

〈略〉

無造作にさげた鞄にタネが詰まっていて
手品の様　ひねた僕を笑わせるよ
形があるものは次第に姿を消すけれど
君がくれた　この温もりは消せないさ
いつもは素通りしてたベンチに座り　見渡せば
よどんだ街の景色さえ　ごらん　愛しさに満ちている
ああ　雨上がりの遠くの空に虹が架かったなら
戸惑いや　不安など　簡単に吹き飛ばせそうなのに
乾いた風に口笛は　澄み渡ってゆく
まるで世界中を優しく包み込むように
子供の頃に
夢中で探してたものが
ほら　今　目の前で手を広げている
怖がらないで踏み出しておいで

（『口笛』作詞・作曲　桜井和寿）

このMr.childrenの『口笛』を聞きながら、私はふと思いました。私たちには、今、歩んでいく時に持っていく鞄が必要だと——。

確かに鞄には、いくつかの種類がありますが、私は3つの鞄をすぐに思いつきます。一つ目は、入学式のランドセルです。その中には、希望に溢れる思いと不安、そして戸惑いがいっぱい詰まっている。二つ目は、旅行鞄です。必要なものと「夢」を詰め込み、時にはカメラや地図、小説を入れて旅立ちます。そして三つ目は、その人の生き方が詰まっている鞄です。

ある子どもの経験を通して、三つ目の鞄について話したいと思います。幼い頃から、2人の妹の世話をしてきました。なぜなら、父親は、酒におぼれ、母はたまりかねて出て行ってしまったからです。彼女は、いくつもの思いを隠し、今まで生きてきました。ある時、3人が預けられていた児童養護施設に父親が会いに来ました。今までのことを許していない彼女は、2人の妹が父親と会っている時も、父親と会うことを拒否し続けていました。ホームの職員は、一つのかけに出ました。長女にうどんをもって行かせたのでした。

一週間後になくなった父の葬儀で、彼女は思いっきり泣き、こう言ったそうです。「会えて良かった」。

彼女は、一つの大切な思い出を鞄に詰め込んで、歩んでいくことになったのでした。

鞄には、人生の一歩一歩が詰め込まれています。その人の人生、その人の生きる力が詰まっています。いま、私たちに与えられた使命は、そのことを分かろうとする思いと力を掘り起こすこと——。

天守閣に登ったことはありますか。高いから景色がよく見えると思います。しかし、高い所に登らないと、遠くまで景色を見渡せないと思っていませんか。実は、その人たちと同じ視点から見えることはもっと多いのです。

「理解」は、英語で「understand」と言います。語源の言葉は、５００年前、シェークスピアの言葉で、「stand under the tree in a rainstorm」だそうですが、私は上からではなく、その人の生活の視点から見ること。すなわち、「under」に「stand」することであり、その人とともに歩むこと。そのことによってしか、相手を理解できないし、互いの理解は生まれないのです。

Mr. children が歌っているように、鞄からタネを、すなわちその人の人生、その人の生きる力を取り出して、手品のように笑顔を作りたい。多くの人の笑顔を生み出したい。そのために皆さんには、鞄から当事者では気がつかない生命の輝きを取り出す人になって欲しいのです。

一匹の羊

あなたがたの中に、百匹の羊を持っている人がいて、その一匹を見失ったとすれば、九十九匹を野原に残して、見失った一匹を見つけ出すまで探し回らないだろうか。そして、見つけたら、喜んでその羊を担《かつ》いで、家に帰り、友達や近所の人々を呼び集めて、『見失った羊を見つけたので、一緒に喜んで下さい』と言うであろう。言っておくが、このように、悔い改める一人の罪人については、悔い改める必要のない九十九人の正しい人についてよりも大きな喜びが天にある

（ルカによる福音書　第15章第4節～7節）

2007年9月、横浜で開催された身体障害者施設職員関東甲信越ブロック研修大会において、「障害者福祉の目指すもの――地域福祉の視点から」というテーマの基調講演の依頼を受けました。そこでお話ししたポイントは、以下の通りです。

① 問題が起こったら、生活の場を離れた入所施設に移すのではなく、問題が発生する地域を予防、解決の場にしよう。

② 当事者の自立を支援するためにその人の痛みを理解し、相談や情報提供などの支援を強

化して、その人の力を解決のために活用しよう。
③互いの違いを認め合い、互いの歩みを大切にし、排除しあわない共生の社会をつくろう。
④そのために専門職も住民も、学生もボランティアも、NPO（Non-profit Organization）、すなわち営利を目的としないボランティア団体も、そして当事者も一緒に協働しよう。

というものでした。しかし、その時の講演は、私にとって本当に記憶に残るものでした。なぜなら、少し大げさに言うと命をかけた講演だったからです。

私は講演の二日前には蓼科にいました。台風が近づいていたため、講演の一日前に茅野駅から特急電車に乗り、新宿に向かいました。しかし、新宿行きの特急電車は十分な説明がないまま、甲府駅終点に変えられました。しかも復旧の予定はまったく立たないとのこと。すぐにバスの予約をしようとしましたが、乗れるのは4時間後で、その時間には高速道路は閉鎖されると予想されていました。最後に残された選択肢は、レンタカーを借りて東京に行くことでした。しかし、レンタカーの会社に行っても、車はすべて出払っていました。半ば諦めながら受付で待っていると、二人の方が「先ほど返した車を再度借りられないでしょうか」と、レンタカーの受付の方と交渉を始めました。そして待っている私が困っているのを知って、「これも何かの縁ですから、一緒に乗っていきませんか」とおっしゃって下さいました。

高速道路が閉鎖される危険性が十分にあり、時間と闘いながら、また雨と風に打ちつけられながらのドライブでしたが、なんとか無事に調布にたどり着き、レンタカーを返すことができました。夕方のニュースでは、中央線が動いておらず、中央高速も閉鎖されており、復旧の見通しがたっていないことを盛んに報道していました。あの時、列車を待っていたら、もしくはバスを待っていたら、甲府から動けなかったことと思います。きっと、何時間もかけて横浜の大会会場に来られた何百人もの方へのお約束を守ることができなくなっていたと思います。

そして、実はこの台風を経験したことでいくつもの現実が見えてきました。川があふれたくさんの村が孤立したこと、ホームレスの家が流されていく様子、インターネットカフェに泊まり続けている人々にとって、その日の食事を得る仕事がないこと。都市は実はもろく、大きな雨にきわめて脆いということです。この状況は聖書の時代に似ています。

羊を育てている場は、私たちが思っている牧場ではありません。狭い台地はほんの数キロの幅で、断崖絶壁、荒れ野。だから簡単に迷子になりやすかったと言われています。羊は、村全体で管理する貴重な財産でしたから、羊飼いは、ハイエナやオオカミのいる高地を、迷子になった羊の足跡をたどり、追い続けていくのです。(W・バークレー著/R・バークレー編/大隅啓三訳『信仰のことば辞典』日本キリスト教団出版会、2005年、194〜196頁)

またこのような目に見える現実とともに、いま私たちが直面している心の危機がさらに深刻になっています。1998年が分岐点となり自殺者3万人時代となりました。ホームレスが急増した時期も1998年と言われています。社会の安全網が切れてしまったのでしょうか。インターネットなどの情報ネットは仮想社会を作り出し、コンピュータの人生ゲームのようです。

人を傷つけても、自分が失敗しても、リセットすれば以前のまま。失敗しても、失敗した地点から始めれば、たくさんの経験と知識を身につけることができるのに。人の痛みも分かるのに、人と一緒に歩む一つの方法を学ぶことができるのに——。

今の心の危機を見事に歌にした人がいます。それは、浜崎あゆみさんです。

どうして泣いているの
どうして迷ってるの
どうして立ちどまるの

〈略〉

居場所がなかった　見つからなかった
未来には期待出来るのか分からずに

〈略〉

もう陽が昇るね　そろそろ行かなきゃ
いつまでも同じ所には　いられない

〈略〉

一人きりで生まれて　一人きりで生きて行く
きっとそんな毎日が当たり前と思ってた

（『A Song for ××　』作詞・浜崎あゆみ　作曲・星野靖彦）

この歌は信頼できる家族を失い、若くしてさまざまな寂しさに直面した浜崎あゆみさんの心の底から響いてくる曲です。

皆さんは、自分を何と呼んで欲しいですか。皆さんは、自分の生き方に多くの鎧をかぶせていませんか。皆さんは、大切なものを見失っていませんか。皆さんは、何が自分に大切であるか見えなくなっていませんか。

確かに先行きが見えない現在――。だからこそ、今の苦しみだけに、今の不安だけに心を奪われるのではなく、明日を見て、今を生きることです。何ひとつ、むだなものはありません。弱さを知っているがゆえに謙虚になれる。今の自分を正直に受けとめることができるからこそ、そして自分の弱さを知っているからこそ、雲の隙間から差し込んでくるわずかな光でも見つけることができるのです。先が見えないから、その光を見ながら一歩一歩、歩んでいく。すると、歩んできた道はまっすぐになっているのです。ここで言う、一匹の羊とは数の問題ではありません。それぞれが大切な生命、存在であるということです。それぞれの大切さは、かけがえのないものです。100分の1でなく、1の積み重ねが100になるのです。

私たちは一匹の羊です。神は迷っている私たちを決して見捨てられない。そして、行くあてを失い、さまよう羊を探し、拠り所となる場所を示してくださいます。皆さんも心を新たにして一匹の羊として、明日に向かって歩んでいただきたいと思います。

道の真ん中を歩く

見よ、わたしはあなたより先に使者を遣わし、あなたの前に道を準備させよう

（ルカ　福音書7・27）

2003年4月7日、科学省長官・天馬博士は、交通事故で死んだひとり息子・飛雄（とびお）にそっくりのロボットを、科学省の総力を結集して作りあげました。(Tezuka Osamu @ World より)

この話は、約50年前に書かれた手塚治虫のSFヒーロー漫画『鉄腕アトム』の始まりの文章です。この漫画を読んだことがある人も多いと思います。私も小学生の時に、いつも、

♪空をこえて　ラララ　星のかなた
ゆくぞアトム　ジェットのかぎり
心やさし　ラララ　科学の子　十万馬力だ　鉄腕アトム

（『鉄腕アトム』作詞・谷川俊太郎　作曲・高井達雄）

というテーマ曲を聞いていました。アトムは、足からジェットが出て、空を飛んでいきます。そして悪者をやっつけてくれました。でも、アトムの生活は、決して平坦ではありませんでした。科学省長官天馬博士はそのロボットを息子のように愛しましたが、やがて成長しないことに腹を立て、そのロボットをサーカスに売り飛ばしてしまったのです。天馬博士は、確かに知能は高く優秀な科学者でしたが、近代の科学技術を間違って理解し、使っていました。その結果、サーカスでアトムと名付けられたロボットは、毎日、つらい仕事をし続けることになったのです。

しかし、新しく科学省長官となったお茶の水博士の努力で、そこから救い出され、ロボットの両親と郊外の家で暮らし、お茶の水小学校に通うことになりました。そして、ひとたび事件が起これば10万馬力のパワーで悪と戦うのでした。アトムが飛んでいく姿に、私は勇気づけられましたし、弱い者を助け、悪い者をやっつけるアトムの力に感動しました。

空には道はありません。しかし、私には、まっすぐ飛んでいくアトムの姿から、アトムが空の道の真ん中を飛んでいることを想像します。そして、アトムが空に飛びたつ姿を見て、忘れてはいけないことは、アトムにはお茶の水博士がいたこと。お茶の水博士と会い、育てられたことです。だからアトムは、目標をめざして空の道の真ん中を飛ぶことができたのです。

私たちは、道の真ん中を歩いているでしょうか。車道を歩けと言っているのではありません。いや、車道の真ん中を歩いてはいけません。そうではなくて、昨日が後ろにあり、未来が前にある日々の生活を道とすれば、その真ん中を歩いて欲しいと言っているのです。

アトムと同じく、約50年前、1956年4月、熊本県水俣市にある病院に5歳の幼女が、その8日後には3歳の妹が、けいれんを起こしながら運び込まれたことから、公害問題の姿が現われてきました。水俣市は熊本の南にある市です。海があり、山がある地域です。チッソ工場から下水を通して流された有機水銀によって汚染された海――。その海の魚を食べると、有機水銀が胃を通して血液に入り、中枢神経を麻痺させてしまいます。至るところで猫が死に、鳥が落ちたといいます。

当初は原因不明の病気とされただけでなく、伝染病として取り扱われ、患者を苦しめました。その魚を食べた住民が水俣病になっていくことが分かりつつあった時にあっても、経済成長を優先する国はなかなかその事実を認めず、被害を増大させていきました。

2008年の夏、私は水俣市に行きました。海に沈んでいた、汚染された土を何年もかけてコンクリートで封印された場所を、私は歩きました。今、水俣病の発生は食い止められ、水俣市は全国で有数の環境都市に生まれ変わりました。しかし、水俣市というと「水俣病」という恐ろしい病気の名前が浮かんできます。自分の生まれ故郷を隠して、他の地へ移り住む住民も少なくないと思います。

しかし、忘れてはいけないことは、母親のおなかの中にいる時に感染した「胎児性」と言われる水俣病患者は、自分が患者であるという事実から逃れることができないということです。

また、自分らしく生きたい、みんなと同じように住民として生きていきたいという当然の気持ちを、制度が不十分でなかなか実現できなかったことです。

しかしこの10数年、その夢を実現しようとする働きが広がっていました。「ほっとはうす」という地域に居場所をつくった人々が、彼らと一緒に歩みました。閉じこもっていた胎児性患者の方々が日々通い、皆で話し、そして自分自身も水俣病記念館で時には語り部として、水俣病の現実と水俣病への取り組みの歴史を話しています。また、全国からボランティアとしてたくさんの学生が来ます。学生たちは、患者の彼らと一緒に水俣市を歩くことから、学習を始めるそうです。

「ほっとはうす」の方々は、各自の思いを祈りにして、２００６年の水俣病50年の式において皆で読み上げました。

［祈り］

私たちは、母の胎内に生命の芽生えを受けたとたん、チッソ工場より流された有機水銀の毒に犯されました。この世に誕生したそのときから、多くの苦難を背負ってきました。水俣病事件は半世紀が過ぎても、まだ解決できない数々の問題を抱えています。この50年は、私たちの人生の50年でもあります。

たくさんの困難な中でも、今日まで生きてこられてよかった。私を必要とする場にめぐり合い、人に出会い支えられ、今日ここに立ち、祈りの言葉をささげることができることを感謝いたします。

私たちを案じ、先に逝った父や母、同じ胎児期の被害を受けながら幼い日に、あるいは青春のまっ只中で無念の死を遂げた仲間たちに誠をささげます。

どうか、天上から見ていて下さい。これからの50年、ささやかでも安心を約束できる水俣を創っていきます。この悲劇を希望と未来につなげる日まで、私たちは生き抜きます。

すべての御霊が安らかであることを、お祈りいたします。

平成18年5月1日　ほっとはうす一同

苦労しながらも、今まで生きてきたからこそ、このような祈りが生まれてくるのだと思います。

「これからの50年、ささやかでも安心を約束できる水俣を創っていきます。この悲劇を希望と未来につなげる日まで、私たちは生き抜きます」――という胎児性水俣病患者の方々が、道の真ん中を歩く姿が目に浮かびます。そして彼らと一緒に歩むたくさんの人々の姿も――。

水俣病資料館に行き、患者の杉村栄子さんの言葉を読み、愕然としました。「水俣病はのさりです」と書かれていました。地元で、「のさり」とは「自分たちが求めなくとも、大漁となる」という意味だそうです。水俣病のおかげで、人間らしい生活を得たという言葉が生まれたというのです。

私は、皆さんに、それぞれの生き方からたくさんのことを学んで欲しいと思っています。そして、たえず明日を見ながら、しっかりと人生の道の真ん中を歩いて欲しいと思っています。それも、亀のように——。足の速いウサギが亀と競争して負けたのは、ウサギが亀を見ていたからです。しかし亀はゴールを見ていました。明日を見ていました。ウサギと亀の話は、私にとって教訓です。

悲しくて涙で前が見えない時こそ、前に見えているイエスキリストの光を見失わないで、人生の道の真ん中を一歩一歩、歩いて行きましょう。そして、もし迷っている人に出会ったら、その人の悲しみを理解する心を持ち続けてください。

Where there is a will, there is a way

あなたがたはこの世に倣ってはなりません。むしろ、心を新たにして自分を変えていただき、何が神の御心であるか、何が善いことで、神に喜ばれ、また完全なことであるかをわきまえるようになりなさい。

（ローマの信徒への手紙　12章2節）

Do not conform to this world, but be transformed by the renewing of your minds, so that you may discern what is the will of God—what is good and acceptable and perfect.

「Way」には、道、行く道、人生の行路、道のりなどの意味があります（『英和辞典』研究社）。これから私たちが歩んでいく「道、行く道」は何か——。私はこれからどこに向かって歩んでいくのかという大きな命題を、私は問い続けています。私は、二人の人物の言葉に、その生き方に感動を覚えました。山は、一歩ずつ歩みを重ねることで、必ずその頂上にたどりつくことができる。だからわたしの人生には、〈冒険〉はないという考え方に共感します。

これは60歳でヨーロッパのアルプスを滑るようになり、70歳でヒマラヤ・シャングリ氷河を滑走、77歳でキリマンジャロ登頂とスキー滑降、88歳でアルプスのオートルート踏破。100歳でアメリカのソルトレイクシティから2時間ほどの場所で、4歳のひ孫を加えた4世代の合同スキーをした三浦敬三さんの言葉です（三浦敬三『101歳の少年』実業之日本社、2005年、178頁）。

自然と争って、一人の生身の人間に勝ち目はない。戦えば命を失う危険が一気に増える。だから自然に心からの敬意を払い、退却する冷静な心を持たなければならない――。ここに三浦さんの自然への敬意と共に、一歩一歩歩む信念と姿があります。

老いていくことも、人間の自然の営みです。避けることのできない衰えを実感しても、自分を絶望の淵に追いやるのではなく、今の自分を生きる。高齢になって、明日の扉を閉ざすのではなく、高齢になっても一歩一歩足を進めることによって、明日の扉が自然に開くことを、私は101歳の三浦さんの生き方から知り、そして励ましと生きる勇気をもらうのです。三浦敬三さんの人生は、way そのものです。

また私は、もう一人の方と出会いました。今まで、その人の小説や随筆を少しは読んでいましたし、知っていましたが、その方の原点に立つ機会が与えられました。

旭川の「三浦綾子記念文学館」に行く機会ができたのです。幹線道路から少し離れた林の中に、三浦綾子記念文学館がありました。「ひかりと愛と命」をメインテーマとする言葉の通り、42歳のデビュー作品「氷点」の舞台となった自然の中に、建物がそっと建てられていました。

その時は、雪は見えませんでしたが、明治31年に植林されたヨーロッパカラマツ、ストローブマツ、ドイツトウヒの林の中で、たぶん冬は雪に囲まれ、この雪の結晶をイメージした建物が輝くのでしょう。

記念館には、三浦綾子作品すべてが展示されていました。すべてを読んだわけではありませんが、感動を覚えるいくつもの作品に再び出会うことができました。また札幌に行った時、古本屋に並べられた三浦作品の多さに改めて驚きました。三浦作品が読まれている証拠です。

その中で、『道ありき〈青春編〉』(〈新潮文庫〉新潮社、1980年)という、三浦綾子の自叙伝ともいう作品があります。そこに書かれた実際の彼女の生き方は、想像を絶するものです。

満17歳になる前、三浦は小学校の教師になりました。その間、いろいろの体験をしました。たくさんの生徒たちを育てました。その中にはK君もいました。彼は、弟と二人兄弟で、いつも二人だけで遊んでいました。弟がK君にまとわりつき、K君をいつも離さないので、当然なことでした。彼らを学校に連れてきたお父さんにしか会ったことがなかったからでしょうか、三浦は彼の所に行き、

「お母さんは?」

と話しかけました。弟が先に、

「せんたんば(選炭場)で死んだ」

と答えました。

「その言葉が弟の口から出た途端、無表情に近いKの目から涙が吹き出しました。Kは弟を抱きしめ、肩をふるわせて、いつまでも泣いていたのでした。」

（三浦綾子『それでも明日は来る』主婦の友社、1989年、62〜65頁）

まもなくK君は父親に連れられて小学校を去ります。しかし、三浦の心からその子は去ることはありませんでした。

その7年後、敗戦を迎えます。価値が逆転し、今まで信じてきたことが根底から否定され、心の支えが失われます。敗戦後、日本は占領され、それを指揮する進駐軍から今まで使っていた国定教科書、すなわち国がつくった教科書に墨を塗る作業から授業が始まりました。生徒たちの無邪気な顔に涙する教員の一人が、三浦でした。今まで何を教えてきたのかという過去を否定されることの恐れ——。彼女は、教師を辞めることを決意するのでした。

しかし、三浦のその後は、結核と脊髄カリエスなどの病気で、13年という長い闘病生活を送ることになりました。当時の結核は死の宣告を受けるのと同じ病気であったと言われています。特に4年間はギブスベッドの上で寝返りもうてない。また、たくさんの死による別れを体験し、自分の明日が見えない。自分もいつ死ぬのか、不安の中に置かれている。そして彼女は、心を閉ざすのでした。

「生きることに情熱はさらさら感じない。それどころか、何もかも馬鹿らしくなってしまう。すべての存在が、否定的に思われてくる。自分の存在すら、肯定できない」（前掲『道

ありき』30頁）
——親切であればあるほど、優しければ優しいほど、その心が三浦にとって辛い。彼女の晩年もパーキンソン病とガンによる闘病生活でした。しかし、たくさんの小説や随筆を、夫である三浦光世（みつよ）氏の力と愛情を借りて、世に送りました。

三浦はたくさんの人たちに出会い、心の扉を開いていきます。さまざまな体験を通して、生きてきた意味を理解しました。

『道ありき』には、三浦の歩みが書かれています。出会った人々には、教え子もいました。共に闘病生活をおくる患者の方々もいました。そして三浦を誠心誠意、愛する人もいました。そこでキリスト教に目覚め、洗礼を受け、小説家として、クリスチャンにとどまらず、「人はどのように生きたら良いのか」と考える多くの人たちにも、大きな影響を与えたのでした。ちなみに三浦が洗礼を受けたのは、昭和27年、私が生まれた年でした。

冒頭の聖句と、三浦綾子の生き方を、私は重ねて理解します。苦悩の人生に直面し、そこでwill——すなわち意思（意志）、決意をもって、神を信じた。その道を通らなければ、その意思や決意を得ることはできなかった。健康であったときに気がつかなかった恵み、体験しなければ知らなかった辛さと救い、癒し。それぞれの出来事が、自分自身にとって、本当に大切なことだったのです。

彼女は「涙も涸れる」ような壮絶な体験の中で、自分を否定します。しかし、病いに苦しみ、別れに絶望し、何よりも希望を失ったときに、その痛みの中で語られる神の愛――。

「どんな悪天候の日であっても、その黒雲の上には必ず太陽が輝いているのだ。雲はやがて去るだろう。だが太陽は去ることない」（前掲『道ありき』361頁）

というように、太陽の光である神の御手を三浦は知ることになったのでした。そこには聖句の通り、自分が変わるのではなく、神の御心によって変えていただく。そのような生き方が、祈りとともに始められたのでした。

三浦綾子が語っておられたメッセージは、『道ありき』――すなわち備えられた道があり、それを自分たちが歩んでいたことを、その道とは私たち一人ひとりを愛しておられる神の道であることを気づいた三浦は、人生を通してその確信を多くの人びとに伝え続けていたと、私は思います。これはまさに、「Where there is a will, there is a way」を、体現したものと、思うのです。

困難な事実に直面して、自分を見失ってしまいそうになったとき、進むべき道が見えなくなったときに、この言葉に立ち返って欲しいのです。

コラム 一人では生きられない

「神は、その独り子をお与えになったほどに、世を愛された。独り子を信じる者が一人も滅びないで、永遠の命を得るためである。」

（ヨハネ3・16）

本年3月、まだ雪の残る福井県美浜市立新庄小学校を訪問した。生徒は、育てた菊を配り、収穫したしいたけを高齢の方々と一緒に食べる。涙を流して喜ぶ方々の気持ちを心の中に蓄え、ともに生きていくことの大切さを学ぶ。自然の豊かさを肌で感じ、創る喜び、働く喜びを体感する。地域は、生徒が育つ場であり、生きる自信を生み出す場だ。

今、各地で、地域が壊れている。夢をあたためる場である家庭で起こる虐待。自分らしく育つ場である学校で起こるいじめと自殺の連鎖。地域に広がる孤立、引きこもり。今は、だれにとっても、生きていくことが難しい。

だから、私は、若き諸君に、自分を信頼し、自分らしい縦軸の生き方をしてほしいと伝えたい。そのために、たゆまぬ努力を、生まれる命と生きている命が輝く自然の営みへの感動を、悲しい時には泣き、楽しい時には喜ぶ素直さを、正しいことやふさわしいことがわかる知恵を、お互いの違いを理解しようとする優しさを、困難に直面しても夢を失わないねばり強さを、辛い時には立ち止まることのできる少しのゆとりを、自分の力ではどうしようもない時に、誰かに救いを求める勇気を、そして、一人では生きられないと思った時に、一人で生きてきたのではない事実を受けとめる謙虚さをもってほしい。

なぜなら、神はあなたを祝福して命を与えられた。あなたは、神に愛されている。一人で生きているのではない。

（キリスト新聞、２００６年12月2日）

あとがき

私たちはどのような社会を目指して努力してきたのでしょうか。今の社会は、私たちが望んでいた社会でしょうか。この社会の将来を、誇りをもって子どもたちに譲ることができるでしょうか。社会を創り出してきた私たちは、この問いかけに応えなければなりません。

私は、18歳の時、友人の代わりに行った知的障害児施設でのボランティア活動を契機に、子どもたちの存在と出会いました。そして糸賀一雄氏の思想を学び、生き方を大きく変えました。「〈この子らに世の光を〉ではなく、〈この子らを世の光に〉」という糸賀氏のメッセージに、心を揺り動かされたのです。この子らが生きていくことのできる社会こそ、私たちが目指すべき社会だと思ったからです。

社会福祉への理解が不十分であった約40年前にあって、社会福祉に関わる仕事をしようと決意しました。親族や周囲の理解を得ることはなかなかむずかしいものでしたが、私自身にとって、決意することに、それほどの努力を必要としませんでした。目の前には、生活の困難に直面している人の存在があり、その方々の生き方が、将来にわたって私自身と別であるとは思えず、また一人の人間として、私自身の姿と重なりあって見えたからです。

その後、１９８３年にルーテル学院大学の専任講師となり、たくさんの学生諸君と学び、彼らを社会に送り出してきました。また仕事や活動を通して、多くの友人に恵まれました。私を育ててくださった先生方への恩も忘れることはできません。とても実り豊かな時であったといつも感謝していますが、その原点は、言うまでもなく、40年前にあるのです。

確かに、１９９０年以降、社会福祉をめぐる構造改革が行われました。社会福祉の運営の仕組みが整備され、利用者の権利システムもより具体的に展開されてきたと思っています。しかし、その過程で、社会保障、社会福祉が担い、目指す社会自体を確認する必要が生じています。どのような日本社会を築き、そのために社会福祉がどのような役割を果たすのか、緊急の課題であると思っています。

身構えせず、大げさでもなく、寒さに震えるその手に、寂しさに凍えるその心に、ふと手を差し伸べ、また駆け寄っていくという行為に、社会が切り捨てた、生きていくことへの敬意を見ます。本人が意識する、しないにかかわらずその行為を生み出す何かがあると思います。それこそ、人間として与えられた「知」です。知識とともに、心に受け止めるものを見失わず、自分の内なるものへの洞察と、自分を取りまく外なるものへの理解から生み出される知性を大切にしたいのです。

そして一人の人間として、使命をもって、困難に直面している人々と共に歩み、共に喜ぶその働きの先に、明日の社会が拓かれ、見えてきます。これは、「福祉力」です。社会福祉の人材が減少し、制度の根幹が揺らぐ危機のただ中にあるからこそ、「知の福祉力」をもう一度取り戻したいと強く思い、出版を決意しました。

私の求めに応じ、すばらしい方々が対話のテーブルに着いて下さいました。本書への掲載をお許し頂いたことも含め、感謝に堪えません。その内容は、以下の通りまとめられていましたが、今回の出版にあたり、自分の箇所のみを加筆させていただきました。なお、対談者の略歴は当時のままとしました。

〈ウォッチング　沖藤典子氏〉「少子高齢社会における家族、家庭、そして地域」『月刊福祉』２００６年２月

〈ウォッチング　鎌田實氏〉「地域に《いきる》ために」『月刊福祉』２００４年12月

〈ウォッチング　葉祥明氏〉「その人らしく生きる・大切なことを大切にできる自分、そして社会を」『月刊福祉』２００４年６月

〈ウォッチング　スマナ・バルア氏〉「人と人とがつなぐ地域医療の可能性」『月刊福祉』２００７年８月

〈新春特別対談　山根誠之氏〉「心豊かな地域社会のために」『横浜ＹＭＣＡ ＮＥＷＳ』２００７年１月

また、社会福祉をめぐる今日の動向と将来の方向をまとめたいと思い、「地域に根ざした福祉システムのあり方」（社会福祉トップセミナー『月刊福祉増刊号　新・福祉システム』２００５年12月）と「社会福祉の新たな挑戦――老いの坂を登りゆく道程に寄り添う」（『現代のエスプリ』至文堂、２００６年２月）を再構成しました。

さらに、知の福祉力をもつ福祉人材を養成することの必要を思い、「キリスト教社会福祉教育のグランドデザインと座標軸」（『キリスト教社会福祉学研究第40号』日本キリスト教社会福祉学会、2008年1月）を元に、福祉教育そのものについて言及を加えました。これは、私のチャレンジです。

最後に、私が学長になってから、さまざまな場で、若者たちにメッセージを送る機会が与えられました。その中から、以下の11篇をまとめました。

- 「生命の鼓動」（2007年度入学式）
- 「明日を見つめて歩む。なぜなら…」（2002年度卒業式）
- 「幼な子のように」（2004年度前期卒業式）
- 「I have a dream.」（2006年度聖望学園礼拝・2006年度入学式）
- 「希望に向かう旅」（2005年度入学式）
- 「明日への光」（2003年度玉川聖学院卒業礼拝・2003年度卒業式）
- 「隣人は誰ですか」（2004年度入学式）
- 「鞄（かばん）」（2003年度入学式）
- 「一匹の羊」（2007年度前期卒業式）
- 「道の真ん中を歩く」（2008年浦和ルーテル学院宗教改革記念礼拝）
- “Where there is a will, there is a way”（2006年度卒業式）

そして、３つのエッセイを入れてあります。これは、キリスト新聞「橄欖（かんらん）」に掲載されたもので、出典は、以下の通りです。

・一人では生きられない（２００６年12月２日）

・人生に停年はない（２００６年12月９日）

・世の光（２００６年12月25日）

私のこの企画を、多くの方が支援して下さいました。『月刊福祉』を刊行する全国社会福祉協議会は、私に今まで多くの機会を与えて下さいました。また、私の企画の意味を理解し、編集等において貴重な意見を下さった人間と歴史社の佐々木久夫社長、そして井口明子氏にお礼を申し上げます。

さらに、今までいつも見守り、一緒に歩んでくれていた家族、特に妻に心より感謝の気持ちを捧げます。

市川一宏

著者略歴

市川一宏（いちかわ かずひろ）

早稲田大学法学部、日本社会事業学校研究科、東洋大学大学院社会学研究科社会福祉専攻博士前期課程（修士）・後期課程単位取得、ロンドン大学LSEに留学。国および多数の都道府県、市区町村の行政および民間団体において、計画策定、評価、研修を担当。現在、ルーテル学院大学学長・人間総合学部社会福祉学科教授・大学院人間福祉学研究科社会福祉学専攻教授。専門分野は社会福祉・地域福祉政策、高齢者福祉政策。社会福祉士養成校協会副会長、日本キリスト教団阿佐ヶ谷教会会員。著書として、『社会福祉と聖書』（共編著）リトン、『生きる──生きる〈今〉を支える医療と福祉』（共編著）人間と歴史社、『地域福祉の理論と方法』（共編著）中央法規、などがある。

知《ち》の福《ふく》祉《し》力《りょく》

2009年5月10日　初版第1刷発行

著　者　市川一宏
発行者　佐々木久夫
発行所　株式会社 人間と歴史社
東京都千代田区神田駿河台3-7
〒101-0062
電話　03-5282-7181（代）
FAX　03-5282-7180
http://www.ningen-rekishi.co.jp
装　丁　妹尾浩也
印刷所　株式会社シナノ

ISBN 978-4-89007-174-6 C0030

ガンディー「知足」の精神

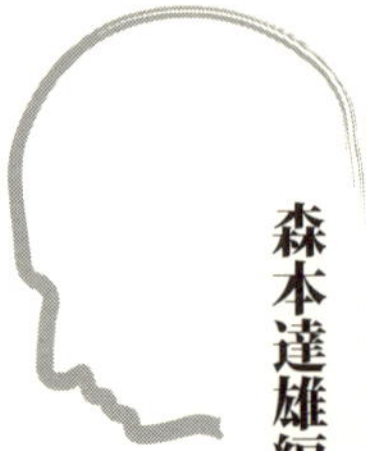

森本達雄編訳

「環境の世紀」を拓く東洋の知恵！

本書はガンジーの著作から思想のエッセンスを訳出、「非暴力」（アヒンサー）など重要なキーワードをもとに再構成した。ガンジー思想の今日的意義を自身の解説などで問い直してもいる。たとえば「時代錯誤」と批判された反機械論や反文明論については、現代の核拡散問題や環境破壊を例に「人類・地球存亡の危機への最初の痛烈な警鐘の一打であった」と指摘する。また、「文明は、需要と生産を増やすことではなく……欲望を減らすこと」というガンジーの「知足」の精神については「今日の先進社会に生きるわれわれへの深い反省とメッセージ」ととらえる。非暴力・不服従を提唱して英国から祖国を独立に導いたガンジーの思想の背景には、様々な宗教を超えた「世界宗教」の理想があったとして、パレスチナ問題などを再考する手掛かりも提供する。

本書には、現代人が見失った「東洋の英知」ともいうべき精神のありようが、ガンジーの長年の実践に裏づけられた珠玉の言葉としてちりばめられている。朝日新聞評（6月12日付）

定価：2,100円（税込）　ISBN 978-4-89007-168-5